Mehr von Tina Folsom

Scanguards Vampire
Samsons Sterbliche Geliebte
Amaurys Hitzköpfige Rebellin
Gabriels Gefährtin
Yvettes Verzauberung
Zanes Erlösung
Quinns Unendliche Liebe
Olivers Versuchung
Thomas' Entscheidung
Ewiger Biss (Novelle)
Cains Geheimnis
Luthers Rückkehr
Brennender Wunsch (Novelle)
Blakes Versprechen
Schicksalhafter Bund (Novelle)
Johns Sehnsucht

Hüter der Nacht
Geliebter Unsichtbarer
Entfesselter Bodyguard
Vertrauter Hexer
Verbotener Beschützer
Verlockender Unsterblicher
Übersinnlicher Retter
Unwiderstehlicher Dämon

Jenseits des Olymps
Ein Grieche für alle Fälle
Ein Grieche zum Heiraten
Ein Grieche im 7. Himmel
Ein Grieche für Immer

Der Club der ewigen Junggesellen
Begleiterin für eine Nacht
Begleiterin für tausend Nächte
Begleiterin für alle Zeit
Eine unvergessliche Nacht
Eine langsame Verführung
Eine hemmungslose Berührung

Der Clan der Vampire – Venedig 1 & 2
Der Clan der Vampire – Venedig 3 & 4

EWIGER BISS

(EINE SCANGUARDS HOCHZEIT)

SCANGUARDS VAMPIRE – BUCH 8 1/2

ZWEISPRACHIGE AUSGABE

TINA FOLSOM

Der Verkauf dieses Buches ohne Buchumschlag ist nicht autorisiert. Wenn Sie dieses Buch ohne Buchumschlag finden, wurde es dem Verleger als ‚unverkauft und vernichtet' berichtet und weder der Autor noch der Verleger wurde dafür bezahlt.

Ewiger Biss (Zweisprachige Ausgabe) ist ein fiktives Werk. Namen, Charaktere, Orte und Geschehnisse wurden erfunden. Jegliche Ähnlichkeit mit wirklichen Orten, Ereignissen, oder Personen, lebend oder verstorben, sind zufällig.

2014 - 2016 Tina Folsom

Copyright © 2014 - 2016 by Tina Folsom
Scanguards ® ist ein eingetragenes Markenzeichen.
Der englische Text, *Silent Bite*, wurde mit ausdrücklicher Erlaubnis von Evil Eye Concept Inc. wiedergegeben.

Alle Rechte vorbehalten.

Deutsche Erstausgabe
Die Amerikanische Originalausgabe erschien 2014 unter dem Titel *Silent Bite*.

Cover design: Elaina Lee, For the Muse Design
Cover Fotos: Dreamstime
Autorenfoto: ©Marti Corn Photography

1

Beim Anblick ihres blassen Halses spürte Oliver einen Schauer über seinen Rücken laufen und wie eine Lanze in seine Hoden schießen. Es war ein angenehmer Schmerz, den er verspürte: Intensiv, und doch wollte er nicht, dass dieser aufhörte.

Seine Finger verlängerten sich und seine Fingernägel verwandelten sich zu scharfen Widerhaken. Die Klauen einer Bestie, denn das war er im Inneren immer noch und würde es immer bleiben, trotz des gepflegten Äußeren und der sanften Hülle, die er für alle zur Schau trug.

Ursula war die Einzige, die es besser wusste, denn sie sah es Tag und Nacht: den Hunger, der immer noch dicht unter der Oberfläche brodelte. Der unersättliche Blutdurst. Aber dieser hatte sich nun verändert.

Sofort nach seiner Verwandlung in einen Vampir hatte er seine Fänge in jeden Hals, der unglücklicherweise seinen Weg kreuzte, gesenkt. Doch jetzt, über ein halbes Jahr später, war sein Geschmack viel anspruchsvoller geworden. Dennoch lag darin nichts Verfeinertes. Nichts Sanftes oder Liebes. Und nichts Zivilisiertes.

Nur eines hatte sich verändert: Er liebte die Frau, die ihm Nacht für Nacht ihren Hals anbot, mehr als jede andere. Er hatte sich in sie verliebt, bevor er überhaupt ihr

At the sight of Ursula's pale neck, Oliver felt a shiver race down his spine and shoot into his balls like a lance. It was a pleasurable kind of pain that he experienced: intense, yet at the same time he didn't want it to stop.

His fingers elongated, and his fingernails turned into sharp barbs. They were the claws of a beast because that's what he still was inside, what he would always be, despite his refined exterior and the gentle shell he wore for everybody.

Ursula was the only one who knew better because she saw it every day and every night: the hunger that still simmered so closely under the surface. The insatiable hunger for blood. But it was different now.

Right after his turning, he'd sunk his fangs into any neck that was unfortunate enough to cross his path. Now, over half a year later, his taste had become much more sophisticated. Still, there was nothing refined about it. Nothing gentle or sweet. Nor civilized.

Only one thing had changed. He cared about the woman who offered her neck night after night more than he'd ever cared about anybody. He'd fallen in love

Blut gekostet hatte, bevor er sie wirklich kannte, und er würde nicht zögern, sein eigenes Leben zu opfern, um ihres zu retten.

Seit der Nacht, in der er sie das erste Mal gebissen hatte, waren sie nicht mehr getrennt gewesen. Trotz der schrecklichen Dinge, die sie in drei langen Jahren durchgemacht hatte, hatte sie ihm damals freiwillig ihre Vene angeboten. Trotz des Ekels, das Ursula mit dem Biss verband. Doch Ursula hatte ihre Ängste überwunden und sich ihm hingegeben. Sie vertraute ihm und hatte den Alptraum des Blut-Bordells beiseite geschoben.

Für ihn.

Weil sie wusste, dass er sie nicht verletzen würde.

„Was ist los?" Ursulas Stimme kam aus dem begehbaren Schrank, aus dem sie ihre Kleidung holte und in mehrere große Schachteln packte.

„Das!" Er wies auf die Umzugskartons.

Sie neigte den Kopf zur Seite und seufzte schwer, während ihre mandelförmigen Augen um Verständnis baten. Als sie eine Strähne ihres geraden, rabenschwarzen Haares hinter ihre Schulter schob, erinnerte ihn die Geste daran, wie es sich anfühlte, wenn er sein Gesicht in ihrem Haar vergrub und ihren einzigartigen Duft roch, einen Duft, der von ihrem speziellen Blut kam. Von Blut, das wie eine Droge auf einen Vampir wirkte. Blut, das so süchtig machte, dass seine Freunde und Kollegen von Scanguards versucht hatten, ihn von Ursula fernzuhalten, als sie

with her before ever tasting her blood, before he even truly knew her, and he wouldn't hesitate to sacrifice his own life in order to save hers.

They hadn't been apart since the night he'd first bitten her, when she'd freely offered him her vein, despite the ordeal she'd been through for three long years. Despite the disgust she'd associated with the act until then. But Ursula had pushed her fears aside and given herself to him, trusted him and put the nightmare she'd experienced at the blood brothel aside.

For him.

Because she trusted him not to hurt her.

"What's wrong?" Ursula's voice came from the closet from which she removed her clothes and packed them into several large boxes.

"This!" He pointed to the moving boxes.

She tilted her head to the side and sighed heavily, her almond-shaped eyes begging for understanding. When she pushed a strand of her straight, raven-black hair behind her shoulder, the gesture reminded him of what it felt like when he buried his face in her hair and smelled her unique scent, a scent that came from her special blood. Blood that had the power to drug a vampire. Blood so addictive that his friends and colleagues at Scanguards had tried to keep

davon erfuhren.

„Aber wir waren uns doch einig", sagte sie leise.

Oliver machte einen Schritt auf sie zu und das Biest in ihm wollte aufheulen und verlangte, aus dem Käfig gelassen zu werden. „Ich weiß, dass wir uns einig waren, aber das bedeutet nicht, dass es mir gefällt."

„Für mich ist es auch nicht einfach", antwortete Ursula und legte einen Stapel T-Shirts in eine Schachtel, bevor sie sich Oliver mit katzenartiger Anmut näherte.

Er hatte sie schon seit der ersten Nacht, als sie ihm in einer der zwielichtesten Gegenden von San Francisco buchstäblich in die Arme gefallen war, schön gefunden. Er wusste, dass er nie wirklich eine Chance gehabt hatte, ihr zu widerstehen, selbst wenn ihr Blut gewöhnlich gewesen wäre. Nicht einmal dann wäre er in der Lage gewesen, dem Reiz der asiatischen Schönheit, die sein Herz zum Rasen brachte, wann immer er sie ansah, zu entkommen.

Dennoch war sein Herz nicht das einzige Organ, das sie begehrte.

Wie er es ohne sie aushalten sollte, wusste er nicht.

„Bitte", flüsterte sie, als sie ihn erreichte und ihre Hand auf seine Wange legte. „Mach es nicht noch härter, als es sowieso schon ist."

Bei der Wahl ihrer Worte nahm er ihre Hand und legte sie auf die Vorderseite seiner Jeans, wo sich eine Beule gebildet hatte. Eine Beule, die immer da war, wenn sie in seiner Nähe war.

„Härter?", wiederholte er. „Ich glaube nicht, dass es noch härter werden kann."

him from her when they'd first found out.

"But we agreed," she said softly.

Oliver took a step toward her, the beast inside him howling and demanding to be let out of its cage. "I know we agreed, but that doesn't mean I have to like it."

"It's not easy for me either," she replied, dropping a stack of T-shirts into a box and moving toward him with cat-like grace.

He'd always found her beautiful, ever since the first night she'd literally fallen into his arms in one of the dingiest parts of San Francisco. He realized that he'd never had a chance at resisting her, not even if her blood had been ordinary. Not even then would he have been able to disentangle himself from the Asian beauty who made his heart race whenever he looked at her.

Though his heart wasn't the only organ that coveted her.

How he was supposed to survive without her, he couldn't fathom.

"Please," she whispered when she reached him, placing her palm on his cheek. "Don't make this any harder than it is."

At her choice of words, he took her hand and slipped it to the front of his jeans, pressing it against the bulge that had formed there. The bulge that was ever present when he was near her.

Ursula kicherte. „Denkst du nur an das Eine?"

Oliver legte seine Hand auf ihren Nacken und zog sie zu sich. „Nein. Ich denke auch daran, dass ich das hier nicht tun kann."

Er legte seine Lippen auf ihre und drückte sanft gegen ihren Mund. Als er über ihre geschlossenen Lippen leckte, öffneten sich diese einen kleinen Spalt, und ihr Atem stieß gegen ihn.

„Hmm", summte sie.

„Willst du es nicht noch mal überdenken?", versuchte er, sie zu überreden.

„Ich kann nicht."

Aber er wollte ihre Antwort nicht akzeptieren. „Stell dir vor, was du verpassen wirst." Er nahm ihren Mund in Besitz, schob seine Zunge zwischen ihre geöffneten Lippen, erkundete ihre Wärme und tanzte mit ihrer Zunge.

Ursula trennte ihre Lippen von seinen. „Oliver, wir haben keine Zeit."

„Nur noch ein letztes Mal", bat er und war bereits damit beschäftigt, ihr T-Shirt hochzuschieben.

„Aber – "

Er erstickte ihren Protest mit einem Kuss, schob seine Hände unter ihr T-Shirt und streichelte ihre zarte Haut. Als seine Hände sich nach oben bewegten und auf ihren BH trafen, hielt er für einen kurzen Moment inne. Warum sie sich die Mühe machte, einen zu tragen, war ihm schleierhaft. Ihre jungen Brüste waren fest und so perfekt rund, dass sie keinerlei Stütze benötigten. Außerdem trug sie einen BH nie lange, denn er

"Harder?" he echoed. "I don't think it can get any harder."

Ursula chuckled. "Is that all you think of?"

Oliver slid his hand on her nape, pulling her to him. "No. I also think of not being able to do this."

He brought his lips to hers, gently pressing against her mouth. When he licked against the seam of her lips, she parted them lightly, and her breath rushed toward him.

"Hmm," she hummed.

"Won't you reconsider?" he coaxed her.

"I can't."

But he didn't want to accept her answer. "Imagine what you'll be missing." He captured her mouth fully and slid his tongue between her parted lips, exploring her warmth, dancing with her tongue.

Ursula severed her lips from his. "Oliver, we don't have time."

"Just one last time," he insisted and busied himself with tugging on her T-shirt, sliding it up her torso.

"But—"

He silenced her protest with a kiss and slid his hands underneath her shirt, caressing her soft skin. When his hands moved high up and encountered her bra, he stopped for a brief moment. Why she bothered to wear one, he wasn't sure. Her young breasts were perfectly

fand immer einen Weg, sie davon zu befreien, sodass er ihre Brüste streicheln konnte, wann immer er es wollte – was sehr oft vorkam.

Oliver brauchte nicht einmal zwei Sekunden, um den Verschluss ihres BH zu finden und ihn zu öffnen. Sofort schob er seine Hände unter die Schalen, umfasste ihre Brüste und drückte sie leicht.

Sie stöhnte in seinen Mund und gleichzeitig hörte er, wie sich ihr Herzschlag beschleunigte. Ihre Brüste zu berühren und ihre Brustwarzen zu streicheln, verfehlten nie das Ziel, sie zu erregen. Selbst wenn sie dafür jetzt keine Zeit hatten, reagierte sie auf ihn, als ob ihr Körper nicht anders konnte.

„Siehst du, Baby", murmelte er und gab ihre Lippen für einen kurzen Moment frei. „Du willst das genauso." Er atmete ihren betörenden Duft ein. „Du kannst es nicht erwarten, mich in dir zu spüren."

„Oliver, das ist verrückt. Wir müssen zum Flughafen." Trotz ihres Protests schob sie ihn nicht weg, sondern drückte ihr Becken gegen seinen harten Schwanz.

„Wir haben ein paar Minuten Zeit."

Und er würde die wenige Zeit, die sie noch hatten, nützen. Ohne ihr einen weiteren Protest zu erlauben, zog er ihr das T-Shirt über den Kopf, streifte den BH von ihren Schultern und ließ ihn achtlos auf den Boden fallen.

„Zieh mich aus!", befahl er, während er auf ihre schönen Brüste blickte, die mit dunklen Brustwarzen gekrönt waren. Mit harten Brustwarzen. Ja, es war

firm and round and needed no support. Besides, she never wore it for long, because he always found a way of stripping her of it so he could caress her boobs whenever he wanted to—which was frequently.

It took Oliver all of two seconds to find the clasp of her bra and open it. Immediately, he slid his hands under her bra and cupped her breasts, squeezing them lightly.

She moaned into his mouth, and at the same time he heard her heartbeat accelerate. Touching her breasts and fondling her nipples never failed to arouse her. Even though they didn't have the time for this now, she responded to him as if her body couldn't help itself.

"There you go, baby," he murmured, releasing her lips for a brief moment. "You want this too." He inhaled her heady scent. "You can't wait to feel me inside you."

"Oliver, this is crazy. We have to get to the airport." Despite her protest, she didn't push him away but pressed her pelvis against his rigid cock.

"We have a few minutes."

And he was going to take advantage of the time they had left. Without allowing her any further protest, he pulled her T-shirt over her head and slipped the bra off her shoulders, dropping it carelessly to the floor.

"Undress me," he ordered

nicht zu leugnen, dass sie so erregt war wie er.

Ursula stieß einen Seufzer aus.

„Du weißt, dass ich dafür sorgen werde, dass du es nicht bereust. Das mache ich doch immer", flüsterte er ihr zu, drückte einen Kuss auf ihren Hals und streifte mit seinen scharfen Fängen, die sich bereits ausgefahren hatten, an ihrer Haut entlang.

Sie erbebte unter seiner Berührung. „Oh Gott!"

Kein weiterer Protest kam über ihre Lippen. Stattdessen machten sich ihre Hände daran, ihn von seinem Hemd zu befreien, öffneten dann den Knopf seiner Hose und zogen den Reißverschluss nach unten. Als sie die Hose über seine Hüften schob, half er ihr und legte sie ganz ab. Bevor sie ihn von seinen Boxershorts befreien konnte, half er ihr aus ihrer eigenen Hose.

Sie trug nur einen winzigen Stringtanga, der kaum etwas von ihrem verführerischen Fleisch bedeckte. Außerdem war das Material so gut wie durchsichtig und verbarg nichts vor seiner Vampirsehkraft.

Oliver leckte sich die Lippen in Erwartung dessen, was nun geschehen würde. Er liebte es, sich seine zwei größten Begierden auf einmal zu erfüllen. Zwei Fliegen mit einer Klappe zu schlagen. Es war nicht nur äußerst aufregend, ihr Blut zu trinken, während er in ihr war, in seinem und Ursulas Fall war es auch absolut notwendig. Erst nachdem sie einen Orgasmus hatte, würde die drogenartige Wirkung ihres Blutes für kurze Zeit nachlassen, sodass ihr Blut

while he gazed at her beautiful breasts that were topped with dark nipples. Hard nipples. Yes, there was no denying that she was as aroused as he.

Ursula let out a sigh.

"You know I'll make it worth your while. I always do," he whispered, pressing a kiss to her neck and grazing her skin with the sharp fangs that had already descended.

She shivered under the contact. "Oh God."

No more protests came over her lips. Instead, her hands went to work, freeing him of his shirt, then opening the button and zipper of his pants. When she pushed them over his hips, he helped her and stepped out of them. Before she could free him of his boxer briefs, he helped her take off her own pants.

She wore only a tiny G-string that barely covered any of her enticing flesh. On top of it, the material was practically see-through and hid nothing from his vampire vision.

Oliver licked his lips in anticipation of what would happen now. He loved satisfying two of his greatest cravings at once. Two birds with one stone. Not only was it utterly thrilling to take her blood while he was inside her, in his and Ursula's case it was also necessary. Only after she achieved an orgasm would the drugging effect of her blood be muted for a short while

so that imbibing on it wouldn't turn him into a crazed addict. Less than an hour after her orgasm, her blood would be just as dangerous as before and therefore off-limits to him.

Oliver slipped his hand into her panties, combing through the neatly trimmed triangle of curls that guarded her sex, and headed farther south. Warmth and wetness greeted his foraging fingers. Instantly, his cock began to jerk, wanting to feel what his fingers felt.

"Take my cock out," he ground out, impatient for her touch because no matter how often he'd made love to her in the last few months, every time was different and new. And more thrilling than the last time.

Moments later, he felt her hands push down his boxer briefs, sliding them down his legs. Then one hand wrapped around him.

"Like that?" Ursula asked with a provocative tone in her voice.

"Yes, just like that, as if you didn't know it."

She squeezed his cock in her hand, making his heart pound into his throat.

"Fuck, baby!"

He groaned loudly and threw his head back, for a moment reveling in her tender touch. Then his fingers moved, bathing themselves in her wetness before sliding higher again to where her center of pleasure resided. When he slid one finger over it,

hörbares Keuchen entkam ihrer Kehle. Er kannte ihren Körper mittlerweile so gut, dass er genau wusste, wie er sie wie ein Kätzchen zum Schnurren bringen konnte. Wie er sie dazu bringen konnte, sich in Ekstase unter ihm zu winden und in seinen Armen zu erschauern. Und er konnte nie genug davon bekommen, zu sehen, wie sich ihre Lippen zu einem sinnlichen Lächeln bogen, ihre Augen sich vor Leidenschaft verdunkelten und ihr Körper vor Lust erbebte.

Das wiederum rief eine Reaktion in seinem Körper hervor, der anfing, vor Begierde zu brennen, der Begierde, sie zu besitzen und sie für immer sein eigen zu machen. Sehnsucht verbrannte ihn von innen. Die schwelende Glut seiner Liebe für sie entflammte jedes Mal erneut, wenn er ihren sündigen Körper sah, ihre sinnlichen Lippen küsste und ihre seidene Haut berührte. Es war, als ob sie ihn verzauberte, wenn sie ihn mit ihren mandelförmigen Augen ansah, als wäre er der einzige Mann, der ihr etwas bedeutete.

Genauso, wie sie ihn jetzt ansah.

„Nimm mich", murmelte sie mit sich kaum bewegenden Lippen. „Ich muss dich spüren."

„Ich dachte, du würdest nie darum bitten."

Innerhalb von Sekunden hatte er sie auf das Bett gelegt, ihr Höschen heruntergestreift und ihre Beine auseinander gespreizt. Er hatte sie in den letzten Monaten auf jede erdenkliche Weise genommen, aber das, was ihm immer noch am besten gefiel, war,

pressing lightly, her eyelids fluttered and her throat released an audible gasp. He knew her body so well, knew exactly how to make her purr like a kitten, how to make her writhe underneath him in ecstasy, and how to make her shudder in his arms. And he couldn't get enough of it, of seeing her lips curl into a sensual smile, her eyes darken with passion, and her body tremble with desire.

Because in turn it caused a reaction in him: his entire body began to burn with need, the need to possess her, to make her his forever. Desire scorched him from the inside. The smoldering embers of his love for her ignited anew every time he looked at her sinful body, every time he kissed her sensual lips and touched her silken skin. It was as if she'd bewitched him by looking at him with her almond-shaped eyes as if he were the only man who mattered to her.

Just as she looked at him now.

"Take me," she murmured, her lips barely moving. "I need to feel you."

"I thought you'd never ask."

Within seconds he'd placed her on the bed, stripped her of her panties, and spread her legs. He'd taken her every way possible in the last few months, but what he still liked best was Ursula underneath him and looking into her eyes when he drove into her. He loved seeing

wenn Ursula unter ihm lag und er ihr in die Augen blicken konnte, wenn er in sie eindrang. Er liebte es, ihre Reaktion zu sehen, wenn er in ihre enge Muschi stieß und sie weit machte. Er liebte die Art und Weise, wie ihr Atem aus ihrer Lunge brach, wenn er tiefer in sie eindrang, als sie dachte, dass es möglich war. Er liebte die Art und Weise, wie ihre Brüste mit jedem Stoß auf und ab hüpften.

„Lass mich nicht warten!", bat Ursula jetzt.

Ein Lächeln formte sich auf Olivers Mund. Er hatte nicht einmal bemerkt, dass er sie einfach anstarrte und seine Augen sich an ihrer Schönheit weideten. „Nein, meine Süße, ich werde dich nie warten lassen."

Dann setzte er seinen Schwanz an ihr Geschlecht, stieß nach vorne und drang dabei so tief in sie ein, dass seine Eier gegen sie schlugen. Ein Schauer lief über seinen Rücken hinab und schoss in seine Hoden und drohte, ihn zu entmannen. So war es immer mit ihr. Der erste Stoß in ihre enge, seidene Scheide löste immer dasselbe in ihm aus, denn es war der Moment, der ihn daran erinnerte, was er am meisten vermisste, wenn sie nicht keuchend in seinen Armen lag. Er vermisste die Art und Weise, wie sie ihn in sich gefangen hielt. Die Art, wie sie ihn mit nur dem kleinsten Druck ihrer inneren Muskeln an ihren Körper und ihre Seele kettete, was ihr wahrscheinlich nicht einmal bewusst war.

Immer, wenn sie ihn so drückte, hatte er das Gefühl, dass sie sein Herz in gleicher Weise drückte.

her reaction when he plunged into her tight pussy and stretched her. Loved the way her breath rushed out of her lungs when he drove deeper than she thought he could. Loved the way her breasts bounced from side to side and up and down with each thrust.

"Don't make me wait," Ursula begged now.

A smile built on Oliver's lips. He hadn't even noticed that he'd been simply staring at her, feasting his eyes on her beauty. "No, my love, I'll never make you wait."

Then he brought his cock to her nether lips and plunged forward, seating himself balls-deep. A shudder ran down his spine and shot into his balls, threatening to unman him. It was always like that with her. The first thrust into her tight, silken sheath always did that to him because it was the moment he remembered what he missed most when she wasn't lying in his arms, panting. He missed the way she imprisoned him within her. The way she chained him to her body and her soul with only the tiniest squeeze of her interior muscles that she was probably not even aware of.

Whenever he felt her squeeze him like that, it felt as if his heart were being squeezed in the same way. As if she held his heart in her hand. Because she did. Because his heart belonged to her.

When he felt Ursula's hands

Als ob sie sein Herz in der Hand hielt. Denn das tat sie. Denn sein Herz gehörte ihr.

Als er Ursulas Hände auf seinen Hüften spürte, wie Ursula ihn drängte, sich zu bewegen, erfüllte er ihren Wunsch und verfiel in einen Rhythmus, den sie diktierte. Langsam glitt er in sie hinein und wieder heraus, während er seinen Winkel verlagerte, sodass er mit jedem Stoß sein Becken gegen ihre Klitoris rieb. Zu Beginn ihrer Beziehung hatte Ursula Probleme gehabt, sich gehen zu lassen, aber sie hatten dieses Hindernis überwunden und Ursula reagierte nun frei und ohne jegliche Hemmungen auf ihn. Ihr Körper drängte sich gegen ihn, um den Druck auf ihre Klitoris zu erhöhen. Er reagierte auf ihr Zeichen und begann, sich schneller zu bewegen, während er versuchte, seinen eigenen Höhepunkt hinauszuzögern, eine Aufgabe, die von Sekunde zu Sekunde unmöglicher wurde.

Er versuchte, sich abzulenken, aber als er auf sie hinabblickte, sah er kleine Rinnsale aus Schweiß von ihrem Hals durch das Tal ihrer Brüste laufen. Es brachte ihre Haut noch intensiver zum Glänzen und verstärkte ihren Duft, und zog ihn noch mehr an.

„Oh, Gott, Baby!", stieß er aus, sich nur allzu sehr bewusst, dass seine Reißzähne sich zu ihrer vollen Länge ausgefahren hatten und sich nach einem Biss sehnten. „Du musst kommen!" Erst dann konnte er seine Fänge in ihren schönen Hals schlagen und seine eigene Erlösung finden.

„So nah dran", flüsterte sie on his hips, urging him to move, he complied with her wishes, falling into a rhythm that she dictated. Slowly, he drove in and out of her, shifting his angle so that with each descent his pelvis rocked against her clit. At the beginning of their relationship, she'd had problems letting herself go, but they'd overcome that obstacle and Ursula now responded to him freely and without inhibitions, her body pushing against him to increase the pressure on her clit. He reacted to her sign and started moving faster while he tried to stave off his own need to climax, a task which became more and more difficult by the second.

He tried to distract himself, but as he looked down at her, he saw how small rivulets of sweat ran from her neck through the valley of her breasts. It made her skin glow even more intensely and her scent more powerful, drawing him to her even more.

"Oh, God, baby!" he ground out, all too aware that his fangs were at full length and itching for a bite. "I need you to come!" Only then could he plunge his fangs into her lovely neck and find his own release.

"So close," she whispered between pants.

"What do you need, baby? Tell me!"

"Please."

Her back arched off the bed, her breasts thrusting toward him.

keuchend.

„Was brauchst du, Baby? Sag es mir!"

„Bitte."

Ihr Rücken bäumte sich vom Bett auf und ihre Brüste drängten sich ihm entgegen. Oliver senkte seinen Kopf und nahm einen Nippel gefangen, saugte ihn gierig, während seine Zähne die empfindliche Spitze streiften. Unter ihm zitterte Ursula und ihr Körper erbebte.

Bei ihrer anderen Brust wiederholte er die gleiche Handlung, während er weiterhin mit seinem Schwanz immer tiefer in ihre enge Muschi stieß. Seine Hüften arbeiteten fieberhaft. Noch ein paar Stöße und er wäre nicht mehr in der Lage, den Drang, seine Fänge in ihr Fleisch zu schlagen, zurückzuhalten; noch ein paar Stöße und er würde ihr Blut trinken und sich dadurch der Droge aussetzen, ungeachtet der Katastrophe, die dies für sie beide bedeuten würde. Ungeachtet der Tatsache, dass ihn das vernichten würde.

Sein ganzer Körper fing an zu beben, und er wusste, dass er verloren hatte. Dies war sein Untergang. Ursula war ihm zum Verhängnis geworden, so wie alle es vorausgesagt hatten. Er war nicht stark genug, um der Versuchung ihres Blutes zu widerstehen.

Seine Lippen weiteten sich, als er seine Fänge zu beiden Seiten ihrer Brustwarze ansetzte und einen letzten Atemzug nahm. Er durchbohrte ihre Haut und schloss die Augen, wissend, dass er versagt hatte, als gleichzeitig ein Schauer durch Ursulas Körper

Oliver dipped his head and captured one nipple, sucked on it greedily, his fangs grazing the sensitive peak. Underneath him, Ursula shivered, her body trembling now.

He moved to the other breast, repeating the same action, while he continued driving his cock deeper into her tight pussy. His hips worked at a rapid tempo, thrusting and withdrawing in quick succession. Another few thrusts and he would be unable to hold back his need to plunge his fangs into her flesh; another few thrusts and he would take her blood and allow it to drug him despite the disaster this would spell for both of them. Despite the fact it would destroy him.

His entire body began to tremble, and he knew he'd lost. This was his doom. Ursula was his doom, just like they'd all predicted. He wasn't strong enough to resist the temptation her blood represented.

His lips widened as he set his fangs to either side of her nipple and took a last breath. He pierced her skin and closed his eyes, knowing he'd failed, when a shudder went through Ursula's body as her orgasm washed over her.

Relief flooded him at the same time as warm blood rushed into his mouth and down his throat. Had he been able to speak, he would have thanked her for having saved him once more, but

raste und ihr Orgasmus sie überkam.

Erleichterung durchflutete ihn im selben Moment, als warmes Blut in seinen Mund floss und seine Kehle hinunterlief. Hätte er sprechen können, dann hätte er ihr dafür gedankt, ihn noch einmal gerettet zu haben, doch er konnte nicht von ihr ablassen. Ihr Blut schmeckte reichhaltig und süß. Perfekt. Und ihre Brust war eine seiner Lieblingsstellen geworden, von denen er trank. Zusammen mit der Innenseite ihrer Oberschenkel, wo er gleichzeitig ihre Erregung riechen konnte, während er sich von ihr ernährte.

„Oh, ja", ermutigte sie ihn jetzt und ihre Hand glitt zu seinem Nacken, um ihn näher an ihre Brust zu drücken.

Oliver wusste, wie sehr sie es liebte, dass er sich so von ihr ernährte, denn es war etwas, das nur er tat. Keiner der Blutegel im Blut-Bordell, wo sie drei lange Jahre gefangen gehalten worden war, hatte jemals ihr Blut von irgendwo anders als von ihrem Hals oder ihrem Handgelenk nehmen dürfen.

Mit einem letzten Stoß kam er und ergoss sich in ihren engen Kanal. Sein ganzer Körper bebte von der Intensität seines Höhepunktes. Es dauerte lange Augenblicke, bevor er wieder klar denken konnte und in der Lage war, seine Zähne aus ihrer Brust zu nehmen. Sanft leckte er über die zwei kleinen Einstiche und versiegelte diese sofort. Es würde keine Narben geben. Sein Speichel war die Gewähr dafür.

Oliver ließ seinen Kopf schwer

he couldn't let go of the breast he was sucking on. Her blood tasted rich and sweet. Perfect. And to take it from her breast had become one of his favorite places to drink. Right along with her inner thigh, where he could soak in her arousal at the same time as he fed from her.

"Oh, yes." She encouraged him now, her hand sliding to his nape to press him closer to her breast.

Oliver knew how much she loved feeding him like this because it was something only he did. None of the leeches at the blood brothel she'd been imprisoned at for three long years had ever been allowed to take her blood from anywhere else than her neck or wrist.

With one last thrust, he came and flooded her tight channel with his seed. His entire body shook from the intensity of his climax. It took long moments before he could think clearly again and was able to retract his fangs from her breast. Gently he licked over the two small incisions, sealing them instantly. There would be no scars. His saliva guaranteed it.

Oliver dropped his head next to hers, breathing heavily.

"Wow. I love it when you do it like that."

He lifted his head to look at her. "How?"

"All out of control."

He shook his head. "It was

atmend neben ihr auf das Kopfkissen fallen.

„Wow. Ich liebe es, wenn du es so machst."

Er hob den Kopf, um sie anzusehen. „Wie?"

„Ganz außer Kontrolle."

Er schüttelte den Kopf. „Es war knapp. Ich hätte dich fast gebissen, bevor du gekommen bist. Aber ich – "

Sie legte einen Finger auf seine Lippen, um ihn zu unterbrechen. „Fast. Ich werde dafür sorgen, dass es nie passiert."

Oliver lehnte seine Stirn an ihre. „Ich dachte, es wäre leichter geworden, aber das ist es nicht. Was, wenn du eines Tages nicht rechtzeitig kommst?"

„Dann werden wir damit umgehen. Zusammen." Sie gab ihm einen leichten Klaps auf den Hintern. „Außerdem schaffst du es immer, mich zum Höhepunkt zu bringen."

Er schmunzelte. „Das hört jeder Mann gerne." Er drückte einen sanften Kuss auf ihre Lippen.

„Es ist Zeit zu gehen", murmelte sie zurück.

„Ich weiß."

close. I almost bit you before you climaxed. But I—"

She put a finger to his lips, stopping him from continuing. "Almost. I'll make sure it won't happen."

Oliver dropped his forehead to hers. "I thought it had gotten easier, but it hasn't. What if one day you won't come in time?"

"Then we'll deal with it. Together." She gave him a soft slap on his backside. "Besides, you can always make me come."

He chuckled. "That's what a guy likes to hear." He pressed a gentle kiss on her lips.

"It's time to go," she murmured back.

"I know."

2

Ursula zappelte nervös, als sie zu der Rolltreppe hochblickte, die von der Ankunftsebene zur Gepäckausgabe am Flughafen von San Francisco führte, wo sie und Oliver warteten. Sie wandte sich an Oliver.

„Du weißt, was du ihnen sagen sollst, stimmt's?", fragte sie.

Oliver drückte ihre Hand und führte sie an seine Lippen, um sie sanft auf ihre Fingerknöchel zu küssen. „Schau nicht so ängstlich drein! Deine Eltern werden sich fragen, ob etwas nicht stimmt."

Sie seufzte. „Ja, *weil* etwas nicht stimmt! Ich lebe mit dir in Sünde und wenn sie das jemals herausfinden – "

„Was dann? Glaubst du, sie werden mich zwingen, dich zu heiraten?" Er schmunzelte. „Ich hab Neuigkeiten für dich: Das werden wir sowieso tun."

„Trotzdem ist es nicht notwendig, sie zu verärgern."

„Sie zu verärgern? Ich dachte, sie mögen mich."

„Natürlich", beeilte sie sich, ihm zu versichern. „Obwohl ich sicher bin, dass es ihnen lieber wäre, wenn ich einen netten Chinesen heiraten würde."

Oliver verzog das Gesicht. „Hey, zwei von drei Treffern ist doch nicht übel."

„Zwei von welchen drei Treffern?", fragte sie.

Er hob seine Finger und begann aufzuzählen. „Gut aussehend und

Ursula fidgeted as she nervously watched the escalator that descended from the arrival level to the baggage claim area at San Francisco International Airport where she and Oliver were waiting. She turned to him.

"You know what to tell them, right?" she asked.

Oliver clasped her hand then led it to his lips, pressing a soft kiss on her knuckles. "Don't look so anxious! Your parents will wonder whether something is wrong."

She sighed. "Well, that's because something *is* wrong. I've been living in sin with you, and if they ever find out—"

"What are they gonna do? Force me to marry you?" He chuckled. "Guess what? That's what we're gonna do anyway."

"Still, there's no need to upset them."

"Upset them? I thought they liked me."

"They do," she hastened to assure him. "Though I'm sure they would have preferred if I married a nice Chinese boy instead."

Oliver grimaced. "Hey, two out of three ain't bad."

"Two out of what three?" she asked.

He lifted his fingers and started

großartig im Bett." Er zuckte mit den Schultern.

Ursula schüttelte den Kopf und verdrehte die Augen. „Ja, wegen des Letzteren: Ich bin sicher, meine Eltern würden die Tatsache, dass ich mich die letzten Monate mit dir verschanzt habe, während sie dachten, ich wäre im Wohnheim an der UC Berkeley, nicht zu schätzen wissen."

„Mit mir verschanzt? So würde ich das aber nicht nennen." Er schenkte ihr ein sanftes Lächeln und seine Augen fielen auf ihre Lippen, während sich sein Kopf näherte. „Es hat mir viel besser gefallen, als du es *in Sünde leben* genannt hast. Das klang viel schöner."

Ursula stieß ihn in die Rippen. „Du bist schrecklich. Ich wünschte, du würdest die Sache ernst nehmen."

„Du meinst das *in Sünde leben*? Das nehme ich sehr ernst. Ich dachte, das hat dir gefallen. Mir gefiel's. Ungemein."

Sie fühlte, wie ihr ganzer Körper sich erhitzte. Er schaffte dies immer mit der Art, wie er ihr in die Augen sah, wie seine Lippen sich teilten und seine Fänge begannen, sich als Zeichen seiner Begierde zu verlängern.

„Oliver, deine Fänge", flüsterte sie leise.

Er schloss sofort den Mund und schluckte schwer. „Siehst du, was du mit mir anstellst. Wenn du anfängst, von Sünde zu sprechen, kommt alles Wilde in mir hoch."

Sie konnte nicht anders, als zu lächeln. „Vielleicht ist es dann eine gute Sache, dass wir heiraten. Dann wird es keine Sünde mehr sein."

counting. "Good looking and great in bed." He shrugged.

Ursula shook her head and rolled her eyes. "Yeah, about the latter. I'm sure my parents wouldn't appreciate the fact that I shacked up with you for all these months while they thought I was living at the dorms at UC Berkeley."

"Shacking up with me? I'd hardly call it that." He gave her a soft smile, his eyes dropping to her lips and his head inching closer. "Actually, I preferred it when you called it 'living in sin.' It's got a much nicer ring to it."

Ursula nudged him in the ribs. "You're terrible. I wish you'd take this seriously."

"You mean the 'living in sin' part? I take it very seriously. And I thought you liked it. I did. Immensely."

She felt her entire body flush with heat. He could do that to her with the way he gazed into her eyes, his lips parting, and his fangs starting to elongate as a sign of his desire for her.

"Oliver, your fangs," she whispered under her breath.

He closed his mouth instantly and swallowed. "See what you do to me. You start talking about sin, and I turn all primal."

She couldn't help but smile. "Maybe then it's a good thing we're getting married. At least then it won't be considered a sin anymore."

Oliver bent to her, placing a soft kiss near her ear. "I don't

Oliver beugte sich zu ihr und drückte einen sanften Kuss neben ihr Ohr. „Es ist mir egal, wie wir es nennen. Es ändert nichts daran, was ich für dich empfinde. Oder daran, dass die nächste Woche die reinste Folter für mich werden wird."

Sie hob die Augen, um sich seinem Blick zu stellen. „Aber das ist die einzige Art und Weise, wie wir meinen Eltern verheimlichen können, was in den letzten Monaten vor sich ging."

Er stieß einen resignierten Seufzer aus.

„Lass uns die Geschichte noch mal durchgehen, damit wir uns nicht verheddern", schlug sie vor und warf einen weiteren Blick auf die Rolltreppe, auf der nun mehrere Leute erschienen.

„Also gut", stimmte Oliver zu. „Du hast im Studentenwohnheim gewohnt, doch wegen der Hochzeitsvorbereitungen bist du heute in das Gästezimmer in meinem Elternhaus eingezogen, und deine Eltern werden in meinem Zimmer wohnen, während ich mich bis zur Hochzeit bei Samson einquartiere." Er schob seine Hand durch sein widerspenstiges dunkles Haar. „Ich hoffe, ich denke daran, Quinn Dad zu nennen. Zumindest kann ich Rose immer noch Rose nennen."

„Warum?"

„Weil Rose nicht meine Mutter ist. Ich bin nur mit Quinn verwandt, weil er mein Erschaffer ist. Also sollten wir deinen Eltern sagen, dass Rose meine Stiefmutter ist. Dann kann ich wenigstens über Roses Namen

care what it's called. It won't change the way I feel about you. Nor the fact that the next week will be pure torture for me."

She lifted her eyes to meet his look. "It's the only way we can hide from my parents what's been going on the last few months."

He let out a resigned sigh.

"Let's go over the story again, just so we don't trip ourselves up," she suggested and cast another look up the escalator as more people started to descend.

"Okay," Oliver agreed. "You've been living at the dorms, but in order to prepare for the wedding, you moved into the guestroom in my parents' house today, and your parents will be staying in my room, while I move in with Samson until the wedding." He shoved a hand through his unruly dark hair. "I hope I can remember to call Quinn Dad. At least Rose I can still call Rose."

"Why?"

"Well, she's not my mother. I'm only related to Quinn as my sire. So, we should tell your parents that Rose is my stepmother. That way, I won't trip myself up when I address her as Rose."

Panic gripped Ursula. Last-minute changes to an established plan always spelled disaster. "Did you talk to Quinn and Rose about that already?"

Oliver squeezed her hand.

nicht stolpern."

Panik ergriff Ursula. Einen festgelegten Plan in letzter Minute zu ändern, beschwor immer eine Katastrophe hervor. „Hast du das mit Quinn und Rose bereits besprochen?"

Oliver drückte ihre Hand. „Mach dir keine Sorgen. Ich habe sowohl mit ihnen als auch mit Blake darüber gesprochen."

Erleichtert stieß Ursula einen Atemzug aus. „Okay. Und Blake weiß, was er zu sagen und zu tun hat?"

Blake, ein Sterblicher, war Roses und Quinns vierter Urenkel und konnte ein völliger Clown sein, aber Ursula hoffte, dass er sich an den Plan halten würde, den sie zusammen aufgestellt hatten, um ihre Eltern Glauben zu machen, dass die Ralston-Haverford-Bond-Familie – Quinn Ralston, Rose Haverford, Blake Bond, und Oliver, der nach seiner Verwandlung Quinns Nachnamen angenommen hatte – eine typisch amerikanische Familie war und nicht aus drei Vampiren und einem Sterblichen bestand.

„Blake wird sich bestens benehmen. Das verspreche ich dir."

Ursula verdrehte die Augen. „Ganz sicher."

„Ich werde ihn im Zaum halten. Er hat immer noch Angst, dass ich ihn wieder beiße. Also, mach dir keine Sorgen um ihn."

Sie lächelte ihn sanft an. „Aber du bluffst doch nur. Ich weiß, dass du ihn nicht beißen wirst. Du magst noch nicht mal sein Blut."

Oliver zog sie zu sich und drückte seinen Körper an sie. „Ja, weil du mich mit deinem verwöhnt

"Don't worry about it. I discussed it with them and also with Blake."

Relieved, Ursula let out a breath. "Okay. And Blake knows what to say and do?"

Blake, who was human and Rose and Quinn's fourth great-grandson, could be a goofball, but she hoped that he would stick to the plan they'd put together and help them fool her parents that the Ralston-Haverford-Bond family—Quinn Ralston, Rose Haverford, Blake Bond, and Oliver, who had taken Quinn's last name after his turning—was a typical American family and didn't consist of three vampires and a human.

"Blake will be on his best behavior. I promise you that."

Ursula rolled her eyes. "Right."

"I'll keep him in line. He's still scared shitless that I'll bite him again. So, don't worry about him."

She smiled at him softly. "But that's a bluff. I know you won't bite him. You don't even like his blood."

Oliver pulled her closer, turning her into his body. "That's because you spoiled me with yours. Everything else tastes like battery acid to me." He inhaled deeply. "Oh God, I can smell your blood now."

Ursula shivered as he placed his lips on her neck and kissed her gently. "You've gotta stop. People are looking at us."

hast. Alles andere schmeckt jetzt wie Batteriesäure." Er atmete tief ein. „Oh Gott, ich kann dein Blut sogar jetzt riechen."

Ursula zitterte, als er seine Lippen auf ihren Hals legte und sie sanft küsste. „Du musst aufhören. Die Leute beobachten uns."

„Du bringst mich um, Baby. Ich hoffe, du weißt, was du von mir verlangst, eine ganze Woche deinem Bett fernzubleiben." Er hob den Kopf, und ihre Blicke trafen sich. Der Rand seiner Pupillen schimmerte golden, ein Zeichen dafür, dass seine Vampirseite am Erwachen war.

Sie streichelte seine Wange. „Ich weiß, mein Liebster. Ich werde dir später dafür danken."

"Wie?", fragte er, seine Stimme nur ein heiseres Murmeln.

Sie kicherte leise. „Seit wann hast du keine Fantasie mehr?" Sie ließ ihre Hand über seinen Hals gleiten und kratzte ihre Fingernägel gegen die Haut, die unter ihrer Berührung zur Gänsehaut wurde.

Oliver stöhnte. „Ich kann's nicht erwarten. Nach heute Abend habe ich Geschmack auf mehr bekommen." Seine Augen schienen sie zu durchdringen. „Und von deiner Brust zu saugen –"

„Oh, nein!", unterbrach sie ihn plötzlich in Panik. Sie erinnerte sich an etwas. „Mein BH!"

Er sah sie verwundert an. „Was ist mit deinem BH?"

Sie packte ihn am Arm. „Er ist immer noch in deinem Schlafzimmer! Ich habe ihn nicht aufgehoben. Wo ist er? Hast du ihn aufgehoben, als wir die

"You're killing me, baby. I hope you know what you're asking of me to stay out of your bed for an entire week." He lifted his head, and their gazes locked. The rim of his irises shimmered golden, a sign that his vampire side was emerging.

She caressed his cheek. "I know, my love. I'll make it up to you later."

"How?" he asked, his voice a husky murmur.

She chuckled quietly. "Since when don't you have any imagination?" She let her hand slide to his neck and scratched her fingernails against it, feeling how his skin turned to gooseflesh underneath her touch.

Oliver groaned. "I can't wait. After this evening, I've gotten the taste for a lot more." His eyes seemed to penetrate her. "To suckle from your breast was—"

"Oh, no!" she interrupted him in panic. She'd just remembered something. "My bra!"

He looked at her, startled. "What's with your bra?"

She grabbed his arm. "It's still in your bedroom! I didn't pick it up. Where did it go? Did you pick it up when we moved the boxes with my stuff to the guestroom?"

He shook his head. "I don't think so. I didn't notice it anywhere."

Ursula's pulse raced. "Oh God, my mother is gonna find it and

Schachteln mit meinen Sachen ins Gästezimmer trugen?"

Er schüttelte den Kopf. „Nein. Ich habe ihn nirgends gesehen."

Ursulas Puls raste. „Oh Gott, meine Mutter wird ihn finden, und dann wird sie es wissen."

„Wäre das wirklich so schlimm?", fragte er leise.

„Ja!"

Oliver seufzte und zog sein Handy aus der Tasche. „Na gut. Ich kümmere mich darum."

„Wie?"

Er begann zu tippen. „Ich schicke Blake ein SMS, damit er den BH sucht."

„Blake?" Verlegenheit fegte durch sie hindurch. „Du kannst doch Blake nicht nach meinem BH suchen lassen!"

Oliver legte den Kopf zur Seite. „Rose ist einkaufen gegangen, also kann sie es nicht machen. Also, wenn du nicht möchtest, dass deine Mutter ihn in meinem Zimmer findet, dann bleibt uns nur Blake übrig."

Ursula knirschte mit den Zähnen. „Oh, Mist!" Ihr Blick wanderte zu mehreren Personen, die gerade die Rolltreppe herunterkamen.

Er schmunzelte. „Ich gehe davon aus, das ist ein ‚Ja'?"

Sie nickte widerwillig und sah zu, als er auf ‚Senden' drückte, bevor er das Handy zurück in seine Hosentasche steckte. Sie hatte keine andere Wahl, denn gerade entdeckte sie ihre Eltern oben auf der Rolltreppe. Sie hatte keine Zeit mehr, sich eine andere Lösung einfallen zu lassen.

„Sie sind da!"

Während ihre Eltern auf der Rolltreppe herunterkamen, suchten

then she'll know."

"Is it really gonna be such a problem?" he asked softly.

"Yes!"

Oliver sighed and pulled his cell from his pocket. "Fine. I'll take care of it."

"How?"

He unlocked his cell and started typing. "I'll text Blake to look for it."

"Blake?" Embarrassment swept through her. "You can't have Blake look for my bra!"

Oliver tilted his head to the side. "Rose went out shopping, so she can't do it. So if you don't want your mother to find it in my room, then it's going to have to be Blake."

Ursula ground her teeth. "Oh, crap!" Her gaze drifted to a crowd of people coming down the escalator.

He chuckled. "I'm assuming that's a 'yes'?"

She nodded reluctantly and glanced at him as he pressed "send" on his cell phone before slipping it back into his pocket. She'd had no choice, because she'd just spotted her parents at the top of the escalator. There was no time to come up with another solution.

"They're here!"

From the top of the escalator, her parents descended, their eyes scanning the waiting area below. Her mother, a petite woman with impeccable taste and style, wore a costume that looked like it was designed by Chanel, though

sie mit den Augen den Wartebereich ab. Ihre Mutter, eine zierliche Frau mit tadellosem Geschmack und Stil, trug ein Kostüm, das aussah, als wäre es von Chanel entworfen worden, obwohl Ursula wusste, dass ihre Mutter nie so viel Geld für Kleidung ausgeben würde. Sie war eine wahre Schnäppchenjägerin, und Ursula war sich sicher, dass sie nicht mehr als hundert Dollar für ihr gesamtes Outfit einschließlich ihrer Schuhe und der eleganten Handtasche ausgegeben hatte.

Unwillkürlich musste Ursula lächeln. Ihre Mutter wäre schockiert, wenn sie herausfände, wie viel Geld Olivers Familie für diese Hochzeit ausgab. Ihre Eltern waren wohlhabend. Ihr Vater verdiente ein sehr gutes Gehalt als hoher Diplomat in der chinesischen Botschaft in Washington D.C., sodass ihre Mutter wirklich nicht sparsam sein musste. Doch das Knausern war so tief in ihr verwurzelt, dass sie nicht anders konnte. Es schien fast schon ein Sport für sie zu sein.

Ursula winkte, als sie den Blick ihres Vaters auffing. Er strahlte sie an, dann berührte er den Arm seiner Frau, und deutete dorthin, wo Ursula und Oliver standen. Aufgeregt winkte ihre Mutter ihr zu, doch Ursulas Blick schweifte zurück zu ihrem Vater. Es schien, als hätte er abgenommen. Sein Gesicht sah blasser aus als sonst. Sie schüttelte den Kopf. Das Neonlicht schmeichelte niemandes Hautfarbe. Es musste eine optische Täuschung sein oder die Tatsache, dass er müde vom Flug war.

Ursula knew that her mother would never spend that kind of money on clothes. She was a veritable bargain hunter, and Ursula was sure that she hadn't spent more than a hundred dollars for her entire outfit including her shoes and her fancy handbag.

Involuntarily, Ursula had to smile. Her mother would be shocked if she found out how much money Oliver's family was spending on this wedding. Her parents were well off, with her father earning an exceptionally large salary as a high-level diplomat for the Chinese embassy in Washington D.C., so there was no need for her mother to be frugal, but it was so ingrained in her that she just couldn't help herself. It seemed almost like a sport to her.

Ursula waved as she caught her father's eye. He beamed at her, then touched his wife's arm to point to where Ursula and Oliver stood waiting. Excitedly, her mother waved back, but Ursula's gaze wandered back to her father. It seemed as if he'd lost weight. His face looked paler than usual too. She shook her head. The neon lights weren't flattering for anybody's skin tone. It had to be an optical illusion or the fact that he was tired from the flight.

When her parents reached the bottom steps of the escalator and

Als ihre Eltern die untersten Stufen der Rolltreppe erreichten und auf sie zukamen, warf sich Ursula in ihre Arme und umschlang beide fest.

„Ich habe euch vermisst!", sagte sie und unterdrückte die Tränen.

„Wir haben dich auch vermisst, Wei Ling", begrüßte sie ihr Vater und nannte sie bei ihrem chinesischen Namen, wie er es oft tat.

„Du wirst deine Mutter noch zerquetschen, wenn du sie noch fester drückst", sagte Oliver hinter ihr und legte eine Hand auf ihre Schulter.

Ursula trat aus der Umarmung heraus und wischte sich eine Träne, die ihrem Auge entkommen war, weg.

Oliver stellte sich neben sie und streckte seine Hand zuerst ihrer Mutter entgegen. „Es ist sehr schön, Sie wiederzusehen, Mrs. Tseng."

Ihre Mutter nahm seine Hand und schüttelte sie, dann legte sie ihre andere Hand darüber, um Olivers Hand zu umklammern. „Junger Mann, vielleicht ist es an der Zeit, aufzuhören, mich Mrs. Tseng zu nennen. Mein Name ist Hui Lian", sagte sie mit dem chinesischen Akzent, der auch nach zwei Jahrzehnten in den USA noch immer vorhanden war.

Oliver grinste. „Das mache ich sehr gerne, Hui Lian." Dann wandte er sich zu Ursulas Vater, um auch ihm die Hand zu schütteln. „Es ist schön, Sie wiederzusehen, Sir."

„Nenn mich einfach Yao Bang. Und obwohl du mir meine einzige Tochter stiehlst, freue ich mich sehr, dich zu sehen. Es ist gut zu

stepped off it, Ursula flung herself into their arms, reaching around them both and hugging them tightly.

"I missed you!" she said, pushing back the tears.

"We missed you too, Wei Ling," her father said, calling her by her Chinese name as he did so often.

"You're going to squash your mother if you hold on any tighter," Oliver said from behind her and put a hand on her shoulder.

Ursula stepped out of their embrace, wiping away a tear that had escaped her eye.

Oliver moved to her side and stretched out his hand toward her mother first. "It's very nice to see you again, Mrs. Tseng."

Her mother took his hand and shook it, then put her other hand over it to clasp it. "Young man, maybe it's time to stop calling me Mrs. Tseng. My name is Hui Lian," she said with the Chinese accent that even after two decades in the US had not diminished.

Oliver grinned. "I'd like that very much, Hui Lian." Then he turned to her father and shook his outstretched hand. "It's good to see you, sir."

"Call me Yao Bang. And considering you're stealing my only daughter from me, I'm rather happy to see you too. It's good to know she'll be in good hands."

Her parents exchanged a look.

wissen, dass sie in guten Händen sein wird."

Ihre Eltern tauschten einen Blick aus.

Ganz plötzlich kam ein seltsames Gefühl des Unbehagens in Ursula auf und glitt wie eine Schlange ihren Rücken hinunter. Ein kalter Schauder folgte.

„Na, dann lasst uns mal euer Gepäck holen, damit wir nach Hause fahren können", kündigte Oliver an und deutete auf die Gepäckkarussells.

~ ~ ~

Er sollte nicht einmal auf der Ankunftsebene am Flughafen von San Francisco sein, doch er war einer besonders schmackhaft riechenden Frau nachgestiegen, die von der Abflugebene, wo er gerade für seinen Nachtflug nach New York einchecken wollte, zur Gepäckausgabe gegangen war. Als er ihr verlockendes Blut gerochen hatte, hatte er beschlossen, sich vor seinem Flug einen letzten Snack zu gönnen, und war ihr gefolgt.

Von San Francisco hatte er genug. Nachdem er von Leuten von Scanguards, dieser selbsternannten Polizei und selbstgerechten Gruppe von Vampiren, die dachten, sie wären über alle anderen erhaben, gefangen genommen worden war, hatten sie ihn und andere für mehrere Monate inhaftiert und gezwungen, sich einer Entziehungskur zu unterziehen. Reha-Programm hatten sie es genannt!

Er und die anderen Vampire

All of a sudden, a strange sense of unease slithered down Ursula's back like a snake. A cold shiver followed.

"Well, let's get your luggage so we can get you home," Oliver announced and motioned toward the carousels.

~ ~ ~

He shouldn't even be on the arrival level at San Francisco International Airport, but he'd followed a particularly tasty smelling woman who'd made her way down there from the departure level where he'd been about to check in for the red-eye to New York. When he'd smelled her enticing blood, he'd decided to get one last *snack* before his flight and had followed her.

He was done with San Francisco. After he'd been captured by people from Scanguards, the self-appointed police force and self-righteous group of vampires who thought themselves above everybody else, they'd incarcerated him and others like him for several months and forced them to undergo a detox program. Rehab they'd called it!

He and the other vampires had been addicted to special blood from Chinese blood whores that a blood brothel in Hunter's Point had provided. But one day the blood brothel had disappeared

waren süchtig nach dem besonderen Blut der chinesischen Blut-Huren, die er in einem Blut-Bordell in Hunters Point entdeckt hatte. Aber eines Tages war das Blut-Bordell plötzlich verschwunden, und kurz darauf hatten Scanguards-Leute den Besitzer und die Wachen getötet, die Mädchen befreit und weggeschickt und die Kunden aufgetrieben und eingefangen. Um sie einer Behandlung zu unterziehen!

Was für ein Haufen Scheiße das doch war! Das war ihm jetzt klar. Und der Grund, warum er das nun wusste, war, weil an einem der Gepäckkarussells einer von Scanguards' sogenannten Bodyguards seinen Arm um eine der Blut-Huren gelegt hatte. Und von den Gesprächsfetzen, die er mitbekam, wurde ihm auch klar, dass dieser Vampir, dem er schon öfter begegnet war und dessen Name Oliver war, wenn er sich nicht irrte, diese Blut-Hure heiraten wollte.

Hatten die Leute von Scanguards nicht gesagt, dass alle Blut-Huren nach Hause geschickt worden waren? Offensichtlich hatten sie ihnen Lügen aufgetischt, um ihn und die anderen Süchtigen zu beschwichtigen, während die Vampire von Scanguards insgeheim die Blut-Huren für sich selbst behielten.

Das Wasser lief ihm im Munde zusammen, als der Geruch des Mädchens zu ihm trieb. Er sog den Duft tief in seine Lungen ein. Sofort projizierte sein Erinnerungsvermögen lebendige Bilder vor seinem geistigen Auge. Er hatte noch nie so etwas

and shortly afterwards, Scanguards had killed its owner and the guards, taken the girls away, and rounded up the clients. To make them undergo treatment!

What a crock of shit that was! He knew that now. And the reason he knew it was because there at one of the luggage carousels, one of Scanguards so-called bodyguards stood, his arm around one of the blood whores he recognized. And from the fragments of conversation he picked up, he realized that this vampire, who he'd met before and whose name was Oliver, if he wasn't mistaken, was getting married to this blood whore.

Hadn't the people from Scanguards said that all the blood whores had been sent home? Clearly, they'd dished up a bunch of lies, trying to pacify him and the other addicts, while behind their backs they were keeping the blood whores for themselves.

His mouth salivated as the girl's smell drifted to him. He pulled the scent deep into his lungs. Instantly, his sense memory projected vivid images into his mind. He'd never experienced anything as exhilarating as the blood of these women. It was special, and it acted like a drug to a vampire. He'd experienced that drug and had never felt a high as powerful as when he'd been suckling on the neck of one of the blood

Berauschendes wie das Blut dieser Frauen erlebt: Es war etwas Besonderes, und es wirkte wie eine Droge auf einen Vampir. Er hatte die Droge gekostet und kannte nichts, das ihn je so high gemacht hatte als das Blut vom Hals einer der Blut-Huren.

Sein Magen ballte sich zusammen, jetzt, da derselbe alte Hunger wieder an die Oberfläche drang. Er hatte gedacht, dass er clean war, aber es schien, als hätte die Reha bei ihm nicht funktioniert. Er wollte das Blut dieser Frau. Und es war nicht fair, dass die Leute von Scanguards dieses besondere Vergnügen für sich selbst behielten. Was für Heuchler! Sie hatten ihn und die anderen Vampire die Auswirkungen des Entzugs erleiden lassen, während sie sich selbst zur gleichen Zeit an dem köstlichen Blut berauscht hatten.

Die Frau, der er zuvor gefolgt war, war vergessen, ebenso wie sein Flug nach New York. Er würde nirgendwohin hinfliegen. Nein, er würde hier bleiben und sich seinen gerechten Anteil holen. Das chinesische Mädchen an Olivers Arm würde zu seiner Mahlzeit werden. Er würde diesen arroganten Männern von Scanguards zeigen, dass er das gleiche Recht auf dieses Blut hatte wie sie.

Er würde Oliver zeigen, dass er kein Monopol auf sie hatte.

whores.

His gut clenched as the same hunger resurfaced now. He'd thought he was clean, but it appeared rehab hadn't worked. He wanted the drugged blood of this woman. And it wasn't fair that the people from Scanguards kept this treat for themselves. What hypocrites! They'd made him and the others suffer through the symptoms of withdrawal while they gorged themselves on the delicious blood.

The woman he'd followed earlier was forgotten, as was his flight to New York. He wasn't leaving. No, he would stay and get his fair share. The Chinese girl on Oliver's arm would become his meal. He would show those arrogant men from Scanguards that he had just as much a right to this blood as they.

He would show Oliver that he had no right to monopolize her.

3

Oliver stellte die beiden Koffer in seinem Zimmer ab und drehte sich zu seinen zukünftigen Schwiegereltern um, um sie hereinzuwinken.

„Ich hoffe, es gefällt euch hier."

Ursulas Eltern traten ein und ließen ihre Blicke im Zimmer umherschweifen, während Ursula hinter ihnen eintrat und ihre Augen gleichermaßen das Schlafzimmer prüften, obwohl Oliver sich sicher war, dass sie nur nach ihrem BH suchte. Blake hatte ihm nicht geantwortet, deshalb war es möglich, dass er entweder den Auftrag, nach dem BH zu suchen, nicht erhalten hatte, oder dass er unterwegs war.

„Wir hätten leicht in einem Hotel übernachten können", sagte Ursulas Mutter. „Du hättest dir keine solchen Umstände machen müssen."

„Das sind keine Umstände", antwortete er schnell. „Meine Eltern dachten, es wäre am besten, wenn ihr mein Zimmer nehmt. Und Ursula ist im Gästezimmer untergebracht. Also seid ihr alle zusammen, und das macht es für die Hochzeitsvorbereitungen viel einfacher."

Ursulas Vater sah seine Tochter verwundert an. „Du wohnst hier im Haus, Wei Ling?"

„Äh, ja, Dad, aber nur wegen der Vorbereitungen für die Hochzeit. Ich habe meine Sachen heute Morgen aus dem Wohnheim

Oliver set the two suitcases down inside his room and turned around, motioning his soon-to-be in-laws to enter.

"I hope you'll be comfortable here."

Ursula's parents stepped into the room and let their eyes roam, while Ursula walked in behind them, her eyes equally examining the bedroom, though he was sure she was searching for her bra. Blake had not texted him back, therefore it was possible that he'd either not received the text instructing him to search for the bra or was out.

"We could have easily stayed at a hotel," Ursula's mother said. "There was no need to go through all this trouble."

"No trouble at all," he replied quickly. "My parents thought it would be best if you two took my room. And Ursula will be in the guestroom. That way, you're all together, which makes it much easier for all the wedding preparations."

Ursula's father looked at his daughter. "You're staying in this house, Wei Ling?"

"Uh, yes, Dad, but only because of the preparations for the wedding. I just moved my stuff from the dorms this morning. It would be such a trek

hergebracht. Es ist ja so weit, jeden Tag von Berkeley über die Brücke und wieder zurück zu fahren. Da würde ich doch so viel Zeit verschwenden, und wir haben so viel zu tun", antwortete Ursula hastig.

„Ich glaube nicht, dass es angebracht ist, dass du im gleichen Haus bleibst wie Oliver. Es ist kein gutes Omen", unterbrach ihre Mutter und wandte sich an Oliver. „Es tut mir leid, Oliver, aber das können wir nicht zulassen. Wir können mit Ursula in ein Hotel ziehen. Irgendwo in der Stadtmitte."

Oliver nahm einen beruhigenden Atemzug. Ursula hatte ihn davor gewarnt, dass ihre Eltern ebenso altmodisch wie abergläubig waren. „Es ist wirklich kein Problem. Ich werde diese Woche nicht hier im Haus wohnen. Ich werde mich bis zur Hochzeit bei meinem Chef einquartieren."

Mrs. Tseng hob eine Augenbraue. „Im Haus deines Chefs? Das ist aber sehr großzügig von ihm, dass er dich dort wohnen lässt. Na, dann, natürlich . . . " Sie tauschte einen Blick mit ihrem Ehemann aus.

Ursulas Vater nickte. „Danke, Oliver, das ist sehr nett von dir. Und dein Zimmer sieht sehr komfortabel und geräumig aus."

Erleichtert zeigte Oliver zu einer Tür. „Ihr habt euer eigenes Bad und ein Wohnzimmer, damit ihr euch entspannen könnt. Aber ihr könnt jeden Teil des Hauses benutzen. Ich werde euch alles zeigen, sobald ihr euch frisch gemacht habt."

Sein empfindliches Gehör

each day to get over the bridge from Berkeley and back. I would waste too much time, and there's so much to do," Ursula replied hastily.

"I don't think it's appropriate for you to stay in the same house as Oliver. It's bad luck," her mother cut in and turned toward Oliver. "I'm sorry, Oliver, but we can't do that. We can move to a hotel with Ursula. Somewhere central."

Oliver took a steadying breath. Ursula had warned him that her parents were old-fashioned as well as superstitious. "It's really not an issue. I won't be staying here this week. I'm going to stay at my boss's house until the wedding."

Mrs. Tseng raised an eyebrow. "Your boss's house? That's very generous of him to let you stay. Well, then, of course . . . " She exchanged a look with her husband.

Ursula's father nodded. "Thank you, Oliver. That's very thoughtful of you. This looks very comfortable and spacious."

Relieved, Oliver pointed to a door. "You have your own bathroom and sitting area so you can relax. But feel free to use any part of the house. I'll show you around once you've had a chance to freshen up."

His sensitive hearing picked up the sound of footsteps on the stairs. Then a human smell drifted to him. He recognized the

vernahm den Klang von Schritten auf der Treppe. Dann trieb ein menschlicher Geruch zu ihm. Er erkannte ihn sofort. Einen Moment später steckte Blake seinen Kopf durch die Tür.

„Hey", grüßte er.

„Hui Lian, Yao Bang, darf ich vorstellen? Mein Halbbruder, Blake. Blake, das sind Ursulas Eltern, Mr. und Mrs. Tseng."

Ein breites Lächeln erschien auf Blakes Gesicht, als er auf sie zuging und ihnen die Hände schüttelte. „Freut mich, euch endlich kennenzulernen. Ursula spricht Tag und Nacht von euch."

„Tag und Nacht?", wiederholte Ursulas Vater mit einem strengen Blick zu Ursula.

Mist!, dachte Oliver. Man konnte sich darauf verlassen, dass Blake sie mit seinen Äußerungen in Schwierigkeiten bringen würde. „Was Blake sagen will, ist, dass Ursula ständig von euch spricht, wenn sie uns besucht. Tagsüber."

Oliver fühlte, wie sich auf seinem Nacken Schweiß bildete. Er warf einen verärgerten Blick zu Blake, der nur mit den Achseln zuckte, während Ursulas Eltern ihre Tochter ansahen.

„Ja, ich habe dir doch gesagt, Dad, dass Olivers Familie mich oft zum Abendessen einlädt", fügte Ursula hinzu und lächelte.

Nun ja, es war nicht vollständig gelogen, nur, dass Ursula zu *Olivers* Lieblingsabendessen geworden war, und dass Ursula, nachdem sie das erste Mal eingeladen worden war, nie wieder gegangen war. Aber das waren nur unbedeutende Einzelheiten, wenn auch welche, die sie vor ihren Eltern geheim halten mussten.

smell immediately. A moment later, Blake popped his head through the door.

"Hey!" he said.

"Hui Lian, Yao Bang, meet my half-brother, Blake. Blake, these are Ursula's parents, Mr. and Mrs. Tseng."

Blake let a big smile spread over his face as he walked toward them and shook their hands. "So nice to finally meet you. Ursula talks about you day and night."

"Day and *night*?" her father repeated, aiming a stern look in Ursula's direction.

Crap! Oliver thought. Leave it to Blake to say something that could get them in trouble. "What Blake means is Ursula speaks of you whenever she visits. You know, during the day."

Oliver felt sweat build on his nape. He tossed a displeased glance at Blake who shrugged, while Ursula's parents looked at their daughter.

"Yes, I told you, Dad. Oliver's family invites me over for dinner quite often," Ursula added and smiled.

Well, it wasn't entirely a lie, only that Ursula had become *Oliver's* favorite dinner and that after being invited to stay for the first time, she'd never left. But then, those were only minor details, albeit details they had to keep from her parents. Together with the other minor detail they had to hide: the fact that they were guests in a vampire

Zusammen mit den anderen unbedeutenden Details, die sie verbergen mussten: die Tatsache nämlich, dass Ursulas Eltern Gäste in einem Vampirhaushalt waren, und dass ihre Tochter einen Vampir heiraten würde.

Was zum Teufel hatte er sich dabei gedacht? Es würde nie funktionieren! Nicht seine Verbindung mit Ursula, nein, die würde perfekt sein, sondern das Geheimnis um seine Identität vor ihren Eltern zu bewahren.

„Wann werden wir deine Eltern kennenlernen, Oliver?", fragte Ursulas Vater plötzlich.

„Sie dürften jeden Moment zurück sein. Ich glaube, Rose musste Einkäufe machen", erwiderte Oliver, froh darüber, dass das Gespräch sich einem etwas weniger prekären Thema als Schlafgelegenheiten und wie viel Zeit Ursula in seinem Haus verbrachte, zugewandt hatte.

„Rose? Du nennst deine Mutter beim Vornamen?", fragte Yao Bang überrascht.

„Nun ja, sie ist ja meine Stiefmutter, ich nenne sie schon immer Rose statt Mom."

„Ach", unterbrach Ursulas Mutter. „Also dann muss Rose deine Mutter sein, ja, Blake?"

„Ja, aber, äh, na ja, da Oliver sie immer Rose nannte, als wir gemeinsam aufwuchsen, nenne ich sie auch Rose."

Oliver wandte sich zu Blake um, sodass Ursulas Eltern sein Gesicht nicht sehen konnten, und verdrehte die Augen. Warum musste er jetzt die Spielregeln ändern? Sie hatten ausdrücklich diskutiert, wer wen wie nennen würde. Und jetzt warf

household, and that their daughter was marrying a vampire.

What the hell had he been thinking? This would never work! Not his union with Ursula. No, they would be perfect together, but keeping the secret about what he was from her parents.

"When will we meet your parents, Oliver?" Ursula's father suddenly asked.

"They should be back any minute. I believe Rose had some shopping to do," Oliver replied, glad that the subject had turned to something less precarious than sleeping arrangements and how much time Ursula spent at his house.

"Rose? You call your mother by her first name?" Yao Bang asked in surprise.

"Well, she's my stepmother, so I've always called her Rose instead of Mom."

"Ah," Ursula's mother interrupted. "So, Rose is your mother then, Blake?"

"Yes, but, uh, well, since Oliver always called her Rose when we grew up, I call her Rose too."

Oliver turned so Ursula's parents couldn't see his face and rolled his eyes at Blake. Did he have to change the rules of the game? They'd expressly discussed who would call whom what. And now Blake threw a wrench into the whole

Blake den ganzen Plan um. Bald würde die ganze Sache auffliegen.

„Äh, ach so", kommentierte Mr. Tseng. „Nun ja, solange ihr euch alle versteht." Dann blickte er sich nochmals im Raum um und seine Frau tat es ihm gleich.

Sie ging zum Bett und stellte ihre Handtasche darauf.

„Oh mein Gott!", sagte Mrs. Tseng plötzlich mit einem Ruck und starrte in Richtung des Nachttisches. Oliver folgte ihrem Blick, doch Ursulas Vater blockierte seine Sicht.

Oliver sah Ursula neben sich an und fing ihren panischen Blick auf, während er hörte, wie ihr Herzschlag sich beschleunigte. Mit Sicherheit dachte sie das Gleiche wie er: Seine Mutter hatte Ursulas BH auf dem Boden entdeckt.

Jetzt hatte er keine Wahl. Er musste das Gedächtnis ihrer Eltern löschen, um sicherzugehen, dass sie sich nicht daran erinnerten, Ursulas Unterwäsche in seinem Schlafzimmer gesehen zu haben. Er atmete tief durch, als er plötzlich Blakes Hand auf seiner Schulter spürte. Sofort wandte er sich um. Sein Halbbruder schüttelte leicht den Kopf und senkte seinen Blick. Oliver folgte diesem zu Blakes Hosentasche. Etwas schwarze Spitze spähte hervor. Blake grinste und schob die Spitze mit der Hand wieder hinein, sodass sie aus Olivers Blickfeld verschwand.

Oliver äußerte ein stummes Dankeschön und wandte sich wieder seinen zukünftigen Schwiegereltern zu. Wenn Mrs. Tseng nicht den BH gefunden hatte, was starrte sie dann an?

Beklommen nahm Oliver ein machinery. Soon, this would blow up in their faces.

"Uh, I see," Mr. Tseng commented. "Well, as long as you all get on." Then he turned to peruse the room once more, his wife doing the same.

She walked closer to the bed and placed her handbag onto it.

"Oh, dear!" Mrs. Tseng suddenly said with a start and looked in the direction of his nightstand. Oliver followed her gaze, but Ursula's father was blocking his view.

Oliver turned to Ursula next to him, catching her panicked look, while he heard how her heartbeat accelerated. Clearly, she was thinking the same as he was: his mother had spotted Ursula's bra on the floor.

He had no choice now. He had to wipe her parents' memories to make sure that they never remembered seeing Ursula's incriminating underwear in his bedroom. He took a deep breath when he felt Blake's hand on his shoulder. Instantly he turned to him. His half-brother gave a slight shake with his head and dropped his gaze. Oliver followed it to Blake's jeans pocket. A little bit of black lace peeked from it. He grinned and shoved it down with his hand, making it disappear from Oliver's view.

Oliver mouthed a silent "thank you" to him and turned back to his future in-laws. If Mrs. Tseng hadn't found the bra, then what

paar Schritte an Mr. Tseng vorbei, um zu sehen, was seine zukünftige Schwiegermutter so anstößig fand.

Er musste ein Lachen unterdrücken, als seine Augen endlich auf das Objekt des Anstoßes fielen. Dort, zwischen seinem Nachttisch und dem Bettrahmen, hing eine seiner Boxershorts.

„Es tut mir leid", sagte er hastig, packte seine Unterwäsche, knüllte sie zusammen und versuchte dann, sie in seine Jackentasche zu schieben.

„Vielleicht macht es doch zu viele Umstände, dass du dein Zimmer für uns aufgibst. Wir sollten uns wirklich nicht aufdrängen", sagte Ursulas Mutter.

„Nein, nein. Ihr macht uns keine Umstände. Es tut mir leid. Ich glaube, ich war heute etwas in Eile."

Ja, ganz sicher war er in Eile gewesen: um noch einmal mit Ursula Liebe zu machen, bevor er bis zur Hochzeit aus dem Haus ausziehen musste. Als er sich, nachdem sie Sex hatten, angezogen hatte, war er so benommen gewesen, dass er seine Boxershorts nicht sofort gefunden und einfach ein neues Paar aus seiner Kommode genommen hatte.

Als Oliver Geräusche hinter sich hörte, seufzte er erleichtert auf. Die Kavallerie war im Anmarsch.

„Na, es sieht so aus, als wären unsere Gäste angekommen", sagte Quinn von der Tür aus, als er mit seiner Frau Rose hereintrat.

„Es tut mir leid, dass wir nicht hier waren, um Sie zu begrüßen," entschuldigte sich Rose sofort und streckte ihre Hand aus, um Ursulas was she looking at?

With trepidation, Oliver took a few steps to walk around Mr. Tseng and saw what Mrs. Tseng was finding so offensive.

He had to stifle a laugh when he finally set eyes on the offending item. There, between his nightstand and the bed frame, one of his boxer briefs had gotten caught and hung suspended between the two pieces of furniture.

"I'm so sorry," he said hastily, grabbed the item and balled it up in his fist, then attempted to shove it in his jacket pocket.

"Maybe it was too inconvenient to get you to give up your room after all. We really shouldn't have imposed," her mother said.

"No, no. You're not imposing at all. I'm sorry. I guess I was in a hurry today."

Yeah, he sure had been in a hurry—in a hurry to make love to Ursula one more time before he was forced to move out of the house until the wedding. When he'd gotten dressed after they'd made love, he'd been in such a daze that he hadn't found his boxer briefs instantly and simply grabbed a new pair from his chest of drawers.

When he heard sounds behind him, he sighed in relief. The cavalry had arrived.

"Well, it looks like our guests are here," Quinn said from the door as he walked in, his wife

Mutter die Hand zu schütteln.

„Das ist Rose, meine Stiefmutter, und dies hier ist Quinn, mein Vater," stellte Oliver sie vor. „Dad, Rose, das sind Hui Lian und Yao Bang Tseng."

Er beobachtete, wie die Gesichter von Ursulas Eltern einen verdutzten Ausdruck annahmen, während sie Rose und Quinn die Hände schüttelten und Begrüßungsfloskeln austauschten.

„Sie sehen beide so jung aus", meinte Ursulas Mutter schließlich. Mr. Tseng nickte zustimmend.

„Gute Gene", erwiderte Quinn mit einem breiten Lächeln.

„Diese Komplimente bekommen wir die ganze Zeit!", zwitscherte Rose mit einem weichen Lachen und tauschte einen liebevollen Blick mit ihrem blutgebundenen Gefährten aus. "Wir waren praktisch noch Kinder, als wir uns kennenlernten. Wir heirateten sehr jung."

Oliver fegte einen raschen Blick über Quinn und Rose. Beide sahen nicht nur so aus, als wären sie Mitte Zwanzig, sie sahen ihm und Blake auch überhaupt nicht ähnlich. Während er und Blake dunkelhaarig waren, waren ihre sogenannten Eltern beide blond und hatten helle Haut. Sie vier teilten keine Familienähnlichkeiten und das zu Recht. Quinn hatte Oliver mit seinem Blut in einen Vampir verwandelt, als er nach einem schrecklichen Autounfall im Sterben lag, und Blake, der zwar ein Blutsverwandter war, hatte nichts von Roses und Quinns hellhäutigem Aussehen geerbt. Zwischen ihnen und Blake lagen sechs Generationen. In der Tat

Rose on his heels.

"I'm so sorry we weren't here to greet you," Rose instantly apologized and stretched her hand out to Ursula's mother.

"This is Rose, my stepmother, and this is Quinn, my father," Oliver introduced them. "Dad, Rose, these are Hui Lian and Yao Bang Tseng."

He watched as the faces of Ursula's parents turned to surprise while they shook hands and exchanged greetings with Rose and Quinn.

"You both seem so young," Ursula's mother said finally. Mr. Tseng nodded in agreement.

"Good genes," Quinn replied with a broad smile on his face.

"We get that all the time!" Rose chirped with a soft laugh and exchanged a loving look with her blood-bonded mate. "We were practically kids when we met. We got married when we were very young."

Oliver swept a quick gaze over Quinn and Rose. Both didn't only look like they were in their mid-twenties, they also looked nothing like him or Blake. While both he and Blake were dark haired, their supposed parents were both blond and had fair skin. There was no family resemblance among the four of them and rightly so. Quinn had sired Oliver with his blood and turned him into a vampire when he lay dying after a horrific car accident, and Blake, though he was their blood relative, hadn't

waren sie seine Urgroßeltern vierten Grades.

„Ich hoffe, dass Sie beide sich hier wohlfühlen werden", fuhr Quinn fort.

„Wir wollten Oliver wirklich nicht aus seinem Zimmer vertreiben", antwortete Ursulas Vater und deutete auf den Raum. „Aber vielen Dank. Ich bin sicher, dass wir uns hier sehr wohl fühlen werden."

„Ausgezeichnet!", stimmte Quinn zu.

„Wenn Sie ausgepackt und sich frisch gemacht haben, dann kommen Sie doch einfach nach unten und ich werde Ihnen alles zeigen", bot Rose an. „Es wird in den nächsten Tagen mit der Vorbereitung für die Hochzeit chaotisch zugehen, also habe ich die Küche mit allem aufgestockt, was Sie brauchen werden. Und statt formelle Mittag- und Abendessen zu machen, dachte ich mir, dass sich jeder einfach selbst bedienen soll. Ich hoffe, das passt Ihnen." Sie lächelte Mrs. Tseng an.

Ursulas Mutter sah sie etwas erstaunt an, nickte dann aber.

Rose lächelte. Sie hatten sich das so überlegt, um die Tatsache vor den Tsengs zu verbergen, dass weder Rose noch Quinn oder Oliver Nahrung zu sich nahmen. „Es wird so viel einfacher sein, vor allem, da wir alle unterschiedliche Termine haben werden. Das Zelt wird ja aufgebaut, dann kommen bestimmt in letzter Minute noch Änderungen am Kleid, und sicher noch alles mögliche andere."

„Ein Zelt?", fragte Ursulas Vater plötzlich. „Wozu?"

retained any of Rose's and Quinn's fair looks. Blake was six generations removed from them, and they were in fact his fourth great-grandparents.

"I hope you'll both be comfortable here," Quinn continued.

"We didn't really want to put Oliver out by taking over his room," Ursula's father replied, motioning to his surroundings. "But thank you very much. I'm sure we'll be very comfortable here."

"Excellent!" Quinn agreed.

"Once you've unpacked and freshened up, why don't you come downstairs, and I'll show you around?" Rose offered. "It'll be chaotic in the next few days with preparing for the wedding, so I've had the kitchen stocked with everything you might need, and rather than have regular sit-down lunches and dinners, I figured everybody should just help themselves to anything they want. Don't you think so too?" She smiled at Mrs. Tseng.

Ursula's mother looked at her somewhat stunned, but then nodded.

Rose smiled. They'd agreed on this arrangement when discussing how to hide the fact from the Tsengs that neither Rose, Quinn, nor Oliver consumed any food. "It'll be so much easier considering we'll all have different schedules. What with the tent being built, the last-

Quinn ging auf Mr. Tseng zu und legte seinen Arm um dessen Schulter. „Ich zeige es Ihnen." Er führte ihn zum Fenster und deutete auf den Garten hinunter. „Wir werden hinten ein großes Zelt aufstellen lassen, das den ganzen Garten einnehmen wird. Die Zeremonie und der Empfang werden dort stattfinden."

Oliver beobachtete, wie Mrs. Tseng neben ihren Mann trat. „Oh, das klingt schön."

Ursula trat näher an Oliver heran, und er zog sie sofort an sich und stahl einen Kuss, während ihre Eltern aus dem Fenster blickten.

„Alles wird perfekt sein", flüsterte er ihr ins Ohr und knabberte sanft an ihrem Ohrläppchen. „Und danach wirst du für immer mir gehören."

minute fittings for the dress, and whatever else comes up."

"A tent?" Ursula's father suddenly asked. "What for?"

Quinn stepped forward and put his arm around Mr. Tseng's shoulder. "I'll show you." He led him to the window and pointed to the garden below. "We'll have a large tent erected that will cover the entire backyard. The ceremony and reception will take place there."

Oliver watched as Mrs. Tseng stepped next to her husband. "Oh, that sounds nice."

Ursula nudged closer to Oliver, and he instantly pulled her against him, stealing a kiss while her parents looked out the window.

"It'll be perfect," he whispered into her ear, gently nibbling on her earlobe. "And afterwards, I'll make you mine forever."

4

Er hatte das Gebäude die halbe Nacht beobachtet, bis Oliver um zwei Uhr herausgekommen war und zu Fuß das Haus verlassen hatte. Alleine. Die Blut-Hure war nicht mit ihm gegangen. Sie war noch im Haus, zusammen mit ihren Eltern und zwei anderen Vampiren, sowie einem sterblichen Mann.

Er wartete, bis Oliver ganz aus seinem Blickfeld verschwunden war, bevor er sein Versteck auf der gegenüberliegenden Straßenseite verließ und sich dem Haus näherte.

Er würde einen Plan machen müssen, um das Mädchen zu bekommen, da sie immer noch von zu vielen Leuten, zwei davon Vampire, umgeben war. Wären es nur Sterbliche, würde er einfach in das Haus eindringen und sie sich jetzt sofort schnappen. Die Menschen würden Kollateralschäden abgeben. Die beiden Vampire allerdings könnten ihm Schwierigkeiten bereiten.

Aber er würde nicht so leicht aufgeben. Er würde weiterhin das Haus beobachten und eine Schwachstelle finden. Wie ein Tiger würde er auf der Lauer liegen und seine Beute beobachten, bis sich eine Gelegenheit bot. Dann würde er seinen Zug machen und ihnen die Blut-Hure direkt vor ihrer Nase wegschnappen. Wenn die Vampire, die Scanguards leiteten,

He'd been watching the house half the night until Oliver emerged and left on foot shortly past two o'clock. He was alone. The blood whore wasn't with him. She was still inside the house, together with her parents and two other vampires, as well as a human male.

He waited until Oliver had completely disappeared from his view before leaving his hiding place across the street and approaching the house.

It would take some planning to get to the girl, since she was still surrounded by too many people, two of which were vampires. Had they all been human, he would simply walk into the house now and snatch her. The humans would turn into collateral damage. However, the two vampires could be trouble.

But he wasn't giving up easily. He'd continue to observe and find a weak spot. Like a tiger, he would lie in wait and watch his prey until an opportunity presented itself. Then he'd make his move and steal the blood whore right from under their noses. If the vampires who ran Scanguards thought they could put up rules for others but not live by them themselves, then he'd show them what he thought

dachten, sie könnten Regeln für andere aufstellen, aber sich selbst nicht daran halten, dann würde er ihnen zeigen, was er davon hielt.

Sein Blick wanderte zu den Fenstern in den oberen Etagen. Einige davon waren noch beleuchtet. Er blieb stehen und beobachtete weiter das Haus. Er wartete. Das konnte er gut; stundenlang dastehen, ohne sich zu bewegen. Kaum atmen, um keinen Ton von sich zu geben. Fast unsichtbar bleiben. Untertauchen.

In seinem Inneren wuchs sein Hunger. Obwohl es unmöglich war, glaubte er, von dort, wo er im Schatten eines üppigen Baumes stand, das Blut der Blut-Hure riechen zu können. Ja, er hatte den Geruch und den Geschmack vermisst. Die ganze Zeit in der Reha hatte er das vermisst. Während dieser verrückte Psychiater Dr. Drake von Zurückhaltung und Willenskraft geschwafelt hatte, als sie in dieser Gruppentherapie waren und darüber sprachen, was sie aufgrund ihrer Sucht *fühlten*. Oh, wie er diese Sitzungen gehasst hatte! Aber er hatte mitgespielt, weil er wusste, dass wenn er es nicht täte, sie ihn nie entlassen hätten. Es hatte lange gedauert. Länger als für viele der anderen Vampire. Er war in der letzten Gruppe gewesen, die aus den unterirdischen Zellen in Scanguards' Hauptquartier entlassen worden war, das sich in ein geheimes Behandlungszentrum entwickelt hatte, mit täglichen Besuchen von Dr. Drake und seiner kleinen, heißen Assistentin mit dem enormen Vorbau.

Schade, dass sie ein Vampir war.

of that.

His gaze wandered to the windows on the upper floors. Some of them were still illuminated. He stood still and watched. Waited. He knew how to do that, how to stand silently without moving for hours. How to barely breathe so as not to make a sound. How to remain almost invisible. How to blend in.

Inside him, his hunger grew. Though it was impossible, he thought he could smell the blood whore's blood from where he stood in the shadows of a lush tree. Yes, he'd missed that smell, that taste. He'd missed it while he'd been in rehab. While this crazy psychiatrist Dr. Drake had blathered about restraint and willpower as they'd sat around in groups to talk about how they *felt* about their addiction. Oh, he'd hated those sessions! But he'd played along because he knew if he didn't, they'd never release him. It had taken a long time. Longer than for many of the other vampires. He'd been among the last group to be released from the underground cells at Scanguards, which had turned into a clandestine treatment center complete with daily visits by Dr. Drake and his hot little assistant with the enormous rack.

Shame that she was a vampire. Had she been human, he would have dug his fangs into her tits first chance he got. Instead, the

Wäre sie ein Mensch gewesen, hätte er bei der erstbesten Gelegenheit seine Fänge in ihre Titten geschlagen. Stattdessen waren die Gefangenen mit Flaschenblut ernährt worden. Kaltem, leblosen Blut. Das hatte er genauso gehasst. Doch wieder hatte er mitgespielt. Nur, damit sie ihn freilassen würden.

Und während er in seiner Zelle gelitten und gegen seinen Hunger nach dem besonderen Blut und dem Drang, sich gegen seine Peiniger zu wehren, gekämpft hatte, hatte Oliver sich an einer Blut-Hure vollgefressen. Doch bald würde er dem ein Ende bereiten. Bald würde sie ihm gehören.

Ich hole dich, Ursula!

~ ~ ~

Oliver begrüßte Delilah, Samsons Frau, die ihm die Tür öffnete.

„Also haben wir dich wieder für eine Woche zurück", sagte sie lächelnd und küsste ihn auf die Wange.

Hinter ihr taumelte Isabelle in den Flur, bevor sie auf ihren Hintern fiel und lachte.

„Wow", rief Oliver aus und ging auf das Kleinkind zu. „Sie geht ja schon."

„Ja, sie hat in der vergangenen Woche angefangen, und jeden Tag steht sie sicherer auf ihren zwei Beinen. Ich glaube, sie kann vielleicht bei deiner Hochzeit schon richtig gehen."

Oliver streckte seine Arme nach Isabelle aus und hob sie hoch. „Du meinst, sie könnte vielleicht unser

prisoners had been fed bottled blood. Cold, lifeless blood. He'd hated that too. But again, he'd played along. All so they would release him.

And while he'd been suffering in his cell, fighting against his hunger for that special blood, fighting his urge to lash out at his captors, Oliver had been gorging himself on one of the blood whores. Well, not for much longer. Soon, she would be his.

I'm coming for you, Ursula.

~ ~ ~

Oliver greeted Delilah, Samson's wife, who opened the door for him.

"So we've got you back for a week," she said smilingly and kissed him on the cheek.

Behind her, Isabelle staggered into the hallway before falling onto her butt, chuckling.

"Wow!" Oliver exclaimed and walked toward the toddler. "She's walking!"

"Yes, she started last week, and every day she gets more secure on her two feet. I think she might be able to walk at your wedding."

He stretched his arms toward Isabelle and lifted her up. "You mean she could be our little flower girl?"

"Just in case, I bought her a cute pink dress so she's got something appropriate to wear.

kleines Blumenmädchen werden?"

„Für den Fall des Falles habe ich ihr ein rosa Kleid gekauft, damit sie etwas Passendes zum Anziehen hat. Aber sag Ursula noch nichts, denn ich weiß nicht, ob sie bis dahin sicher genug auf den Beinen ist." Sie strich mit der Hand über Isabelles dunkles Haar. „Ich hatte keine Ahnung, dass Hybriden so schnell heranwachsen."

Isabelle strahlte sie an und zeigte dabei ihre kleinen Fänge.

„Oh, nein, Isabelle! Was haben wir besprochen? Du darfst deine Fänge nicht herzeigen! So wie wir es geübt haben. Diese Woche wird es von Menschen nur so wimmeln, und wir wollen doch nicht, dass du uns verrätst, oder?"

Isabelle schien die Worte ihrer Mutter klar zu verstehen und klappte ihren Mund sofort zu.

„Versuch's noch einmal", ermutigte Delilah sie.

Isabelle öffnete ihre Lippen und grinste ihre Mutter an. Dieses Mal waren keine Fänge zu sehen.

„Perfekt." Delilah küsste sie auf die Wange und Isabelle streckte die Arme nach ihr aus.

Oliver übergab sie an ihre Mutter. „Ich bin sicher, sie macht das schon." Dann wechselte er das Thema. „Ist Samson zuhause oder in der Zentrale?"

Delilah deutete zum hinteren Teil des Hauses. „Er ist in seinem Büro. Drake ist hier. Und Gabriel und Zane. Samson sagte, du sollst dich zu ihnen gesellen, sobald du da bist."

„Danke." Er drehte sich zu dem langen holzgetäfelten Flur, der in den hinteren Teil des Hauses führte.

„Ach, und Oliver", rief Delilah

But don't tell Ursula yet, because I don't know whether she'll be walking well enough by then." She stroked her hand over Isabelle's dark hair. "I had no idea that hybrids grew up so fast."

Isabelle beamed at her, flashing her tiny fangs.

"Oh, no, Isabelle! What did we talk about? No showing of fangs! Just like we practiced. There'll be a lot of humans around this week, and we don't want you to expose us, do we?"

Isabelle dropped her lids and closed her mouth, clearly understanding her mother's words.

"Now try again," Delilah encouraged her.

The toddler parted her lips and flashed her mother another grin. This time no fangs showed.

"Perfect." Delilah kissed her on the cheek and Isabelle reached her arms out to her.

Oliver released her and handed her over to her mother. "I'm sure she'll do perfectly fine." Then he changed the subject. "So, is Samson home or is he at headquarters?"

Delilah motioned to the back of the house. "He's in his private office. Drake is here. And so are Gabriel and Zane. Samson said to join them when you arrive."

"Thanks." He turned toward the long wood-paneled corridor leading to the back of the house.

"Oh, and Oliver," Delilah called after him, "I prepared the

ihm nach. „Ich habe das neu renovierte Zimmer im Dachgeschoss für dich hergerichtet. So wirst du wenigstens nicht von Isabelle geweckt werden."

Er blickte über seine Schulter. „Danke, Delilah, ich hoffe, es war nicht zu viel Mühe."

Sie machte eine wegwerfende Geste. „Kein Problem. Wir freuen uns, dass du hier bist. Samson vermisst dich."

Er vermisste Samson auch, in vielerlei Hinsicht. Über drei Jahre lang, als er noch ein Mensch gewesen war, war er der persönliche Assistent von Samson, dem Besitzer von Scanguards, gewesen. Er war tagsüber dessen Augen und Ohren gewesen und hatte auf ihn aufgepasst, während er schlief. Carl, der Vampirbutler, hatte die Nachtschicht gearbeitet. Oliver seufzte schwer. Er vermisste Carl. Sie waren Freunde gewesen, trotz der Tatsache, dass sie nicht unterschiedlicher hätten sein können. Aber Carl war nicht mehr da.

Oliver schob die traurigen Gedanken beiseite und klopfte an die Tür zu Samsons Büro.

„Herein!", kam Samsons Stimme von drinnen.

Oliver drehte den Knauf und öffnete die Tür, dann schloss er sie hinter sich. Samson saß an seinem massiven Schreibtisch, während Dr. Drake, Gabriel und Zane auf dem Sofa und in dem bequemen Sessel saßen.

„Hey, Oliver, du kommst gerade rechtzeitig. Dr. Drake ist gerade hier, uns auf den neuesten Stand zu bringen", begrüßte Samson ihn

newly renovated guestroom in the attic for you. That way you won't get woken by Isabelle."

He looked over his shoulder. "Thanks, Delilah. Hope it wasn't too much trouble."

She made a dismissive gesture with her hand. "No trouble. We love having you here. Samson misses you."

In many ways, he missed Samson too. For over three years, when he'd still been human, he'd worked for the owner of Scanguards as his personal assistant. He'd been his eyes and ears during the day, watching out for him while he slept, trading shifts with Carl, his vampire butler. Oliver sighed heavily. He missed Carl. They'd been friends despite the fact that they couldn't have been more different. But Carl was gone.

Oliver pushed away the sad thoughts and knocked at the door to Samson's study.

"Come!" Samson's voice came from the inside.

He turned the knob and opened the door, then closed it behind him. Samson sat at his massive desk, while Dr. Drake, Gabriel, and Zane lounged on the sofa and the comfortable armchair.

"Hey, Oliver, you're just in time. Dr. Drake just arrived to give us an update," Samson greeted him and motioned him to sit.

With his short black hair, his hazel eyes, and an imposing

und bedeutete ihm, sich zu setzen.

Mit seinen kurzen schwarzen Haaren, seinen haselnussbraunen Augen und seiner imposanten Größe von einem Meter neunzig, war Samson mit jedem Zentimeter der Chef. Er war der Gründer von Scanguards, der nationalen Sicherheitsfirma, die Bodyguards für Prominente, Politiker und andere wohlhabende Einzelpersonen und Organisationen, die sich ihre Dienste leisten konnten, zur Verfügung stellte.

Ihm gegenüber saß Dr. Drake, der einzige Vampir-Psychiater und einer von nur zwei Vampiren in San Francisco, die als Mediziner ausgebildet waren. Er war dürr und schlaksig. Oliver hatte ihn schon immer seltsam gefunden, wenn auch Samson und einige andere von Scanguards ab und an seine Dienste in Anspruch genommen hatten.

„Ausgezeichnet!" Oliver setzte sich auf die Couch neben Zane. „Hey, Jungs!"

„Hey!", knurrte Zane, eindeutig nicht glücklich darüber, im selben Raum wie Drake sein zu müssen.

Er war einmal zu einer Sitzung mit dem Psychiater gezwungen worden und hatte diese offenbar nicht genossen. Nicht, dass Oliver es dem kahlen Vampir übel nehmen konnte. Zane war nicht einer, der weiche Dinge mochte, Gefühle und dergleichen. Er war eine absolute Kampfmaschine, auch wenn Oliver Funken seines weicheren Kerns gesehen hatte, als Zane seine Gefährtin Portia, eine junge Hybridin, kennengelernt hatte. Aber im Moment war von dieser Weichheit nichts zu sehen.

Zane sah aus, als ob er jemanden umbringen wollte.

„Ich glaube, es war zu früh, sie gehen zu lassen", meinte Zane jetzt und suchte Zustimmung bei Gabriel.

Gabriel rieb sich mit der Hand über sein Kinn und schien seine Antwort abzuwägen. Dann strich er eine Strähne seines dunklen Haares, das sich aus seinem Pferdeschwanz gelöst hatte, hinter sein Ohr. Oliver konnte nicht umhin, auf die große Narbe zu starren, die von seinem Ohr bis zu seinem Kinn reichte – ein Souvenir aus der Zeit, als er ein Mensch war. Obwohl die Narbe hässlich war, hatte Gabriel etwas Faszinierendes an sich, das ihn zu einer imposanten Person machte, die jedem Angst einflößen konnte.

„Dr. Drake meinte, dass jetzt jeder gesund ist", antwortete Gabriel.

„Was ist los?", fragte Oliver und warf seinen Kollegen einen fragenden Blick zu.

Dr. Drake setzte sich gerade auf. „Wie ich bereits angedeutet habe, haben wir das Reha-Programm abgeschlossen. Scanguards hat fantastische Arbeit geleistet, alle ehemaligen Kunden des Blut-Bordells zu finden und einzufangen."

Zane schnaubte und kratzte mit seinen Stiefeln laut gegen den Holzboden. „Ich brauche Sie nicht, um zu wissen, dass wir gute Arbeit geleistet haben."

Samson warf Zane einen zurechtweisenden Blick zu. „Lass ihn ausreden."

Der kahle Vampir lehnte sich zurück und verschränkte die Arme them go," Zane now bit out, looking at Gabriel for reinforcement.

Gabriel stroked his chin with his hand, contemplating his answer, then pushed a strand of dark hair, which had come loose from his ponytail, behind his ear. Oliver couldn't help but stare at the large scar that ran from his ear to his chin, a souvenir from the time when he'd been human. While the scar was ugly, there was something intriguing about Gabriel that made him an imposing figure who could drive fear into anybody.

"Dr. Drake gave everybody the all clear," Gabriel replied.

"What's going on?" Oliver asked, tossing a questioning look at his colleagues.

Dr. Drake sat up straighter. "As I was starting to elaborate, we terminated the rehab program. Scanguards did a fabulous job at rounding up all former clients of the blood brothel and bringing them in."

Zane snorted, his boots scratching loudly against the wooden floor. "I don't need you to tell me that we've done a good job."

Samson gave Zane a reprimanding look. "Let him talk."

The bald vampire leaned back and folded his arms over his chest. Oh yeah, Oliver could tell Zane was pissed. And he wasn't one to sugarcoat his opinions. If

vor der Brust. Oh ja, Oliver konnte sehen, wie sauer Zane war. Zane war nicht einer, der mit seiner Meinung hinter dem Berg hielt. Wenn er etwas nicht mochte, ließ er es jeden wissen. Oliver und Zane waren schon mehrmals aneinander geraten. Dennoch mochte er den Kerl. Zanes Bauchgefühl war besser als das aller anderen. Und in einem Kampf war er tödlich.

Drake räusperte sich. „Nun ja. Einige der Patienten machten größere Fortschritte als andere. Ich glaube, es war eine Frage der Willenskraft und der Motivation. Einige reagierten auf positive Verstärkung besser, und das waren diejenigen, die wir schon vor ein paar Wochen entlassen hatten. Soviel ich weiß, hat Scanguards immer noch ein Auge auf sie, oder nicht?"

Samson nickte und deutete auf Gabriel.

„Richtig", antwortete Gabriel. „Aber wir haben nichts Ungewöhnliches bemerkt. Alle scheinen sich wieder gut integriert zu haben."

Drake nickte. „Gut, gut. Und da die Droge sozusagen außer Reichweite ist, macht es die Sache sicher einfacher."

Die Droge. Ja, das Blut der chinesischen Frauen, die in dem Blut-Bordell gefangen gehalten worden waren, war in der Tat eine Droge für Vampire. Süchtig machend und äußerst delikat verursachte es ein Hochgefühl, das Oliver sich nur bildlich vorstellen konnte. Er war noch nie von Ursulas Blut high geworden, weil sie immer Vorsichtsmaßnahmen trafen: Er biss sie erst, nachdem

he didn't like something, he'd let you know. He and Zane had butted heads more than once. Nevertheless, he liked the guy. Zane's gut feeling was better than anybody else's. And in a fight, he was lethal.

Drake cleared his throat. "Well. Some of the patients were doing better than others. I believe it was a matter of willpower and motivation. Some responded to positive reinforcement better, and those were the ones we released a few weeks ago. I understand that Scanguards is still keeping an eye on them?"

Samson nodded and motioned to Gabriel.

"That's right," Gabriel answered. "But there has been no erratic behavior. All of them seemed to have integrated well again."

Drake nodded. "Good, good. And with the drug, so to speak, out of their reach, it's certainly made things easier."

The drug. Yes, the blood of all the Chinese women who'd been held at the blood brothel was indeed a drug to vampires. Highly addictive, utterly delicious, and producing a high. Oliver could only imagine it. He'd never gotten high from Ursula's blood, because they were taking precautions. He only bit her after she'd climaxed, because an orgasm diluted the potency of the blood for a short time.

sie zum Höhepunkt kam, denn ein Orgasmus reduzierte die drogenartige Wirkung ihres Blutes für kurze Zeit.

„Ja, sie sind alle wieder zu Hause. Alle, außer Ursula", sagte Oliver fast zu sich selbst.

„Oh, das hätte ich fast vergessen", sagte der Arzt. „Herzlichen Glückwunsch zu deiner bevorstehenden Hochzeit!"

„Danke!"

„Können wir jetzt mit dem Geschäftlichen weitermachen?", unterbrach Zane.

Drake sah aus, als wollte er seine Augen verdrehen, verzichtete aber darauf. „Gestern Nacht haben wir die restlichen Vampire aus unserer Obhut entlassen. Sie haben uns bewiesen, dass sie stark genug sind, der Versuchung zu widerstehen und dass sie ihre Sucht besiegt haben. Sie sind jetzt alle wieder clean. Ich glaube nicht, dass wir noch mehr Probleme in Bezug auf diese Angelegenheit haben werden."

„Bewiesen, wie denn?", schoss Zane zurück. „Dadurch, dass sie bei ein paar idiotischen Gruppensitzungen über ihre Gefühle gesprochen haben?"

Drake kniff die Augen zusammen. „Ja, über Gefühle zu sprechen, ist ein bewährtes psychologisches Instrument."

„Ich gebe Ihnen ein Instrument. Ein Pflock ist ein Instrument", murmelte Zane leise.

Samson erhob sich. „Du weißt so gut wie ich, dass wir diese Männer nicht einfach wegen ihrer Sucht töten konnten. Wir mussten ihnen helfen." Sein Blick fiel auf Oliver und Oliver wusste instinktiv, was

"Yes, they're all back at home. All but Ursula," Oliver said almost to himself.

"Oh, I almost forgot," the doctor said. "Congratulations on your upcoming wedding!"

"Thank you!"

"Can we get on with business?" Zane interrupted.

Drake looked as if he wanted to roll his eyes but refrained from doing so. "Last night we released the remaining vampires in our care. They've proven to us that they are strong enough to fight the temptation and have conquered their addiction. They're all clean now. I don't believe we'll have any more problems with regards to this issue."

"Proven how?" Zane shot back. "By sitting in some stupid group sessions, babbling about how they felt?"

Drake narrowed his eyes. "Yes, by talking about their feelings, which is a proven psychological tool."

"I'll give you a tool. A stake is a tool," Zane muttered under his breath.

Samson rose. "You know as well as I do that we couldn't simply kill those men because of their addiction. We had to help them." His gaze drifted to Oliver, and Oliver instinctively knew what his boss was thinking of. Samson had helped him when he'd been in the gutter, when he'd been an addict and running

sein Chef dachte. Samson hatte ihm geholfen, als er in der Gosse lag, als er selbst ein Süchtiger war und mit einer Gang herumzog. Samson hatte ihm eine Chance gegeben, ein produktives Leben zu führen.

„Ich muss Samson zustimmen. Wir mussten ihnen helfen", fügte Oliver hinzu. „Sie sind Vampire wie wir. Wenn wir ihnen nicht helfen, wer dann?"

Wenn Samson ihm nicht geholfen und ihm einen Job gegeben hätte, wäre er jetzt nicht hier. Und wenn Quinn ihn nicht in einen Vampir verwandelt hätte, als er nach einem Autounfall im Sterben lag, hätte er nie erfahren, was wahre Liebe war.

Zane biss die Zähne zusammen. „Ich hoffe nur, dass uns die Sache nicht eines Tages in den Arsch beißt."

Oliver fing Zanes Blick auf und für einen langen Moment sah er ihm in die Augen. War Zanes Sorge berechtigt?

with a bad crowd. He'd given him a chance to lead a productive life instead.

"I have to agree with Samson. We had to help them," Oliver added. "They are our fellow vampires. If we don't help them, who will?"

If Samson hadn't helped him and given him a job, he wouldn't be here now. And if Quinn hadn't saved his life by turning him into a vampire when he lay dying after a car crash, he would have never known what love was.

Zane clenched his jaw. "I just hope it won't come and bite us in the ass one day."

Oliver caught Zane's gaze and for a moment, their eyes locked. Was Zane's concern valid?

5

„Du hast *vier* Brautjungfern?" Ihre Mutter schnappte bei der Offenbarung nach Luft.

„Ja", antwortete Ursula und fing an, diese an den Fingern aufzuzählen. „Portia; sie ist mit Zane verheiratet. Sie ist ein wenig jünger als ich. Dann Nina, die mit Amaury verheiratet ist. Und Maya, Gabriels Frau. Und Lauren. Sie ist eine gute Freundin von Portia und ich mag sie sehr."

Ihre Mutter schüttelte den Kopf. „Nein, nein. Das wird nicht funktionieren."

„Aber, Mom, das sind meine Freundinnen. Außerdem habe ich bereits ihre Kleider besorgt." Ursula blickte über den Tisch zu ihrem Vater, der seinen Kopf in der Zeitung vergraben hatte. Er senkte diese kurz und zuckte mit den Achseln. „Dad", flehte sie.

„Das ist die Domäne deiner Mutter. Du weißt doch, dass ich mich nicht in Frauenangelegenheiten einmische."

Das Stirnrunzeln ihrer Mutter verstärkte sich, als sie sich vom Frühstückstisch erhob. „Hast du keine anderen Freundinnen? Jemanden aus der Uni?"

„Was stimmt denn nicht mit meinen Freundinnen? Du hast sie noch nicht einmal kennengelernt. Wie kannst du etwas gegen sie haben?" Ursula merkte, wie sie immer defensiver wurde. Ihre Mutter hatte oft diese Wirkung auf

"You have *four* bridesmaids?" Her mother nearly gasped at the revelation.

"Yes," Ursula replied, using her fingers to elaborate. "There's Portia, who's married to Zane. She's a little younger than I. Then Nina who's married to Amaury. And Maya, Gabriel's wife. Plus Lauren. She's a good friend of Portia's and I like her a lot."

Still, her mother kept shaking her head. "No, no. That won't work."

"But, Mom, those are my friends. Besides, they've already got their dresses." Ursula looked across the table to her father, who had his head buried in his newspaper. He dropped it slightly and shrugged. "Dad," she pleaded.

"That's your mother's domain. You know I don't get involved in women's business."

The frown on her mother's forehead deepened as she rose from the breakfast table. "Don't you have any other friends? Anybody from college?"

"What's wrong with those friends? You haven't even met them yet. How can you be against them?" Ursula felt herself get defensive. Her mother often had that effect on

sie.

„Ich habe nichts gegen deine Freundinnen", beharrte sie und seufzte schwer. „Aber du brauchst noch mehr."

Ursulas Stirn zog sich in Falten. „Mehr?" Sie war vollkommen zufrieden mit den Freundinnen, die sie hatte. Außerdem war die einzige Person, mit der sie wirklich Zeit verbringen wollte, Oliver. Aber natürlich war er im Moment nicht hier: Er musste tagsüber bei Samson im Haus bleiben.

Ihre Mutter trat näher und packte sie am Kinn, sodass Ursula sie ansehen musste. „Habe ich dir nichts über unsere Kultur beigebracht, als du aufgewachsen bist? Du kannst nicht vier Brautjungfern haben. Vier bedeutet Tod. Und den Tod lädt man nicht zu einer Hochzeit ein."

„Hui Lian, meinst du nicht, dass du etwas übertreibst?", unterbrach ihr Vater plötzlich.

Dann machte es bei Ursula auf einmal Klick. Warum sie diese grundlegende Tatsache vergessen hatte, wusste sie nicht. Vielleicht war es einfach der Stress der Hochzeitsvorbereitungen, der sie so mitnahm.

„Aber du kannst doch nicht erwarten, dass ich einer davon sage, dass sie nicht meine Brautjungfer sein kann. Das wäre nicht fair. Dad, bitte hilf mir doch." Alle vier freuten sich schon darauf, Brautjungfern zu sein.

Ihre Mutter streichelte sanft über Ursulas Haar. „Natürlich nicht, Wei Ling. Darum musst du noch vier andere finden. Wir brauchen acht Brautjungfern. Acht wird dir Glück bringen."

her.

"I'm not against your friends," she insisted and sighed heavily. "But you need more of them."

Ursula's forehead creased. "More?" She was perfectly fine with the friends she had. Besides, the only person she really wanted to spend time with was Oliver. But of course, he wasn't here. He had to stay at Samson's house during daytime.

Her mother stepped closer and gripped her chin, making her look up. "Have I taught you nothing about our culture when you grew up? You can't have four bridesmaids. Four means death. And you don't invite death to a wedding."

"Hui Lian, don't you think you're being a little overly dramatic?" her father suddenly interrupted.

Then it clicked for Ursula. Why she had forgotten that fundamental fact she didn't know. Maybe it was simply the stress of the wedding preparations that was getting to her.

"But you can't ask me to tell one of them that she can't be my bridesmaid. That wouldn't be fair. Dad, please help me here." All four of her friends were looking forward to being bridesmaids.

Her mother softly stroked over Ursula's hair. "Of course not, Wei Ling. That's why you'll have to find four more. We'll need eight bridesmaids. Eight

Erleichtert atmete Ursula auf. „Ich glaube, ich könnte Delilah und Yvette fragen."
„Wer sind die?"
„Delilah ist Samsons Frau. Du wirst Samson bald kennenlernen. Er ist Olivers Chef. Und Yvette arbeitet auch für Scanguards."
„Also ist Yvette eine der Sekretärinnen?"
Ursula schüttelte den Kopf und unterdrückte ein Lachen. Wenn Yvette das hören würde, bekäme sie einen Anfall. „Nein, Mom, sie ist ein Bodyguard wie Oliver."
„Eine Frau?"
Sie konnte sehen, wie sich die Räder im Kopf ihrer Mutter wie wild drehten.
„Na ja, sie ist vielleicht nicht gerade die beste Wahl. Wahrscheinlich finden wir sowieso kein Kleid für sie."
Ursula wich zurück. „Wie? Warum nicht?"
„Na ja, wenn sie ein Bodyguard ist, weißt du . . ." Ihre Mutter zögerte und senkte ihre Stimme. „Sie ist wahrscheinlich sehr burschikos. Nennt man das nicht so? Ich meine, wenn sie ein Bodyguard ist."
Ursula schüttelte ungläubig den Kopf. „Oh mein Gott! Nur weil sie ein Bodyguard ist, bedeutet das nicht, dass sie männlich aussieht. An Yvette ist nichts Burschikoses. Sie ist eine der weiblichsten Frauen, die ich kenne."
Ihr Vater faltete seine Zeitung und ein Schmunzeln breitete sich auf seinem Gesicht aus. Ursula begegnete seinem Blick und musste grinsen, als ihr Vater seine Augen verdrehte, eine Geste, die Ursulas Mutter zum Glück nicht

will bring you luck."
Relieved, Ursula exhaled. "I guess I could ask Delilah and Yvette."
"Who are they?"
"Delilah is married to Samson. You'll meet him soon. He's Oliver's boss. And Yvette works for Scanguards too."
"So Yvette is one of the secretaries?"
Ursula shook her head, suppressing a laugh. If Yvette heard that, she'd have a fit. "No, Mom, she's a bodyguard like Oliver."
"A woman?"
She could firmly see the wheels in her mother's head turn.
"Well, maybe she's not the best choice then. We'll probably never find a dress for her."
Ursula pulled back. "What? Why not?"
"Well, if she's a bodyguard, you know . . . " Her mother hesitated and lowered her voice. "She's probably very butch. Isn't that what it's called? I mean, if she's a bodyguard."
Ursula shook her head in disbelief. "Oh my God! Just because she's a bodyguard doesn't mean she looks masculine. There's nothing butch about Yvette. She's one of the most feminine women I know."
Her father dropped his newspaper and folded it, a smirk on his face. Ursula met his gaze

bemerkte.

„Oh!" Zumindest hatte ihre Mutter genug Anstand zu erröten. „Na ja, in dem Fall ... Aber wir müssen noch zwei weitere finden, damit es acht werden."

Manchmal fragte sich Ursula wirklich, wie ihre Mutter immer noch so viele Vorurteile haben konnte, wo sie doch schon seit zwanzig Jahren in Washington D.C. lebte, inmitten einer multikulturellen Bevölkerung.

„Hast du keine anderen Freundinnen, die du fragen könntest?"

Ursula grübelte. „Ich denke, wir könnten Rose fragen. Ich bin sicher, dass sie es tun wird."

„Tja, es ist zwar ungewöhnlich, seine zukünftige Schwiegermutter als Brautjungfer zu haben, aber wir haben wohl keine andere Wahl."

„Lass Rose das nur nicht hören. Ich will nicht, dass sie glaubt, wir haben sie nur gefragt, weil wir keine andere Wahl hatten." Zum Glück schliefen sowohl Rose als auch Quinn noch und würden noch für ein paar Stunden im Bett bleiben.

Ihre Mutter stieß einen empörten Atemzug aus. „Wei Ling, du stellst mich hin, als hätte ich kein Taktgefühl. Hast du das gehört, Yao Bang?" Sie warf ihrem Mann einen Blick zu, doch dieser antwortete einfach nur mit einem Lächeln, wohl wissend, dass sie nicht wirklich eine Antwort erwartete. „Natürlich werde ich nichts zu Rose sagen."

Ursula verzichtete darauf, ihre Augen zu verdrehen. Stattdessen zerbrach sie sich den Kopf darüber, wer ihre achte

and had to grin when her father rolled his eyes, a gesture that luckily Ursula's mother didn't notice.

"Oh!" At least her mother had the decency to blush. "Well, in that case ... But we still need two more to make it eight."

Sometimes Ursula really wondered how her mother could still hold on to all the prejudices she'd grown up with, while she'd lived in Washington D.C. for the past twenty years and had been exposed to a diverse population.

"Do you have any other friends you can ask?"

Ursula searched her mind. "I guess we could ask Rose. I'm sure she'll do it."

"Well, it's unusual to have one's future mother-in-law as a bridesmaid, but I guess we don't have much choice."

"Don't let Rose hear that. I don't want her to think we only asked her because we were in a jam." Luckily both Rose and Quinn were still asleep and would remain so for another few hours.

Her mother let out an outraged breath. "Wei Ling, you make me sound like I have no tact. Did you hear that, Yao Bang?" She glanced at her husband, who simply acknowledged her words with a smile, knowing that she didn't really expect an answer. "Of course, I won't say anything to Rose."

Ursula refrained from rolling

Brautjungfer werden könnte. Sie kannte nicht viele Frauen in San Francisco. Seit ihrer Flucht aus dem Blut-Bordell hatte sie nur ein paar Vorlesungen besucht und niemanden so richtig kennengelernt. Ihr Leben war bei Oliver. Aufgrund der Notwendigkeit, sein Geheimnis zu bewahren, war sie vorsichtig, wen sie nach Hause einlud. Sie musste jemanden finden, der über Vampire Bescheid wusste.

... oder der selbst ein Vampir war: Vera.

„Ich kenne eine sehr nette Chinesin. Ich kann sie fragen."

„Eine Chinesin? Das ist ja wunderbar. Wer ist sie? Kennen wir ihre Familie?"

Ursula kicherte. „Mom, nur weil sie Chinesin ist, bedeutet das nicht, dass ihr sie oder ihre Familie kennt." Es war in der Tat sehr unwahrscheinlich, wenn sie bedachte, dass Vera schon seit langer Zeit eine Vampirin war. Und sie verkehrte nicht gerade in den gleichen Kreisen wie ihre Eltern. Dessen war Ursula sich sicher, denn Vera führte ein sehr exklusives Bordell in Nob Hill, während ihre Eltern mit Diplomaten und Regierungsbeamten in Washington D.C. verkehrten. „Es gibt Hunderte von Tausenden von Chinesen in San Francisco."

Der Klang der Türklingel erschreckte sie. Sie sah zu der Wanduhr hoch. Selten besuchte jemand einen Vampirhaushalt so früh: Es war kaum zehn Uhr morgens.

Sie wollte gerade aufstehen, um zu sehen, wer zu Besuch kam, als

her eyes. Instead, she contemplated who could become her eighth bridesmaid. She didn't know many women in San Francisco. She'd only attended a few classes since her escape from the blood brothel and had not really connected to anybody. Her life was with Oliver. Besides, the need to keep his secret had made her cautious about whom she invited into their home. She had to choose somebody who knew about vampires.

... or was a vampire herself. Vera.

"I know a very nice Chinese lady. I can ask her."

"A Chinese woman? That's wonderful. Who is she? Do we know her family?"

Ursula chuckled. "Mom, just because she's Chinese doesn't mean you know her or her family." It was highly unlikely considering Vera had been a vampire for some time. And she didn't exactly move in the same circles as her parents. Ursula was certain of that. Vera ran a high class brothel in Nob Hill, whereas her parents rubbed shoulders with other diplomats and government officials in Washington D.C. "There are hundreds of thousands of Chinese people living in San Francisco."

The sound of the doorbell startled her. She looked to the wall clock. Rarely anybody ever

sie schwere Schritte die Treppe herunterkommen hörte.

„Komme schon!", rief Blake der Person an der Tür entgegen.

Einen Augenblick später wurde die Haustür geöffnet und eine vertraute Stimme begrüßte Blake: Wesley, Havens Bruder.

„Hey, ich hoffe, ich bin nicht zu früh dran, aber du sagtest, die Jungs, die das Zelt aufbauen, würden früh kommen."

Ihre Stimmen kamen näher und innerhalb von wenigen Sekunden traten beide Menschen in die Küche. Nun, technisch gesehen war Wesley eigentlich ein Hexer, wenn auch seine Kräfte ziemlich zu wünschen übrig ließen. Nach dem, was Blake und Oliver ihr erzählt hatten, hatte Wesley es immer noch nicht geschafft, die Hexenkräfte zurückzugewinnen, die ihm kurz nach seiner Geburt geraubt worden waren.

„Hey, Morgen, Leute!", begrüßte Blake sie und deutete dann auf Wesley. „Das ist Wesley Montgomery. Wes, das sind Ursulas Eltern: Bang Tseng und Liliana Tseng. Das stimmt so, oder?"

Ursula zuckte zusammen und schüttelte den Kopf, um Blake zu erkennen zu geben, dass er gerade die Namen ihrer Eltern verstümmelt hatte. „Eigentlich Yao Bang und Hui Lian."

Blake kratzte sich am Kopf und grinste unverschämt. „Hoppla! Na ja, ich weiß, es war irgendetwas mit *Bang Bang*." Er machte seine Hand zu einer Pistole und gab vor zu schießen. „Auf diese Art kann ich mir Sachen besser merken; wenn ich Worte mit etwas Vertrautem verbinde. Tut mir leid.

visited a vampire household this early. It was barely past ten in the morning.

She was about to get up to see who was visiting when she heard heavy footsteps coming down the stairs.

"Coming!" Blake called out to whoever had rung the bell.

A moment later, she heard the door open and another familiar voice greet him: Wesley, Haven's brother.

"Hey, hope I'm not too early, but you said the tent guys were starting early."

Their voices came closer and within a few seconds, both humans entered the kitchen. Well, technically Wesley was a witch, though his powers left much to be desired. According to what both Blake and Oliver had told her, Wesley had still not been able to gain all his witch powers back that he'd been robbed of shortly after his birth.

"Hey, morning, guys!" Blake greeted them, then pointed to Wesley. "This is Wesley Montgomery. Wes, these are Ursula's parents: Bang Tseng and Liliana Tseng. Did I get that right?"

Ursula cringed and shook her head, indicating to Blake that he'd just butchered her parents' names. "It's actually Yao Bang and Hui Lian."

Blake scratched his head, grinning unashamedly. "Oops! Well I knew it was something like *Bang Bang*." He made his

Und Liane – ist das ein Kosename von Lillian?"
Ursula verdrehte die Augen. Wortlos hauchte sie *hör auf*, während sie ihren Zeigefinger ruckartig horizontal über ihren Hals zog. Sie konnte immer auf Blakes Fähigkeit zählen, Sachen zu vermasseln.
Inzwischen schüttelte Wesley ihren Eltern die Hand. "Nett, Sie kennenzulernen, Mrs. Tseng, Mr. Tseng. Ich hoffe, Sie hatten einen guten Flug."
Ihre Eltern lächelten Wesley an, deutlich erleichtert, keine weitere Verstümmelung ihrer Namen hören zu müssen.
„Habe ich gehört, dass das Zelt heute Morgen aufgebaut wird?", hakte Ursulas Vater nach.
„Ja, deshalb dachte ich, ich komme vorbei, um zu helfen. Und um die Arbeiter zu überwachen und aufzupassen, dass sie nichts durcheinander bringen oder was kaputt machen", antwortete Wesley.
Ursulas Vater wandte sich ihr zu. „Kommt Oliver nicht, um zu helfen?"
„Kann er nicht. Er ist heute eingeteilt, einen Kunden zu beschützen", sagte Ursula schnell und täuschte einen bedauernden Gesichtsausdruck vor. „Eine Buchung in letzter Minute. Sie konnten sonst niemanden so kurzfristig finden. Es ist ihre Hauptsaison, Dad."
Er hob eine Augenbraue. „Ich hatte keine Ahnung, dass Bodyguards eine Hauptsaison haben."
„Ja, doch!", bestätigte Blake. "Immer, wenn irgendwelche

hand into a gun, pretending to shoot. "That's kind of how I remember things. You know, associate the words with something familiar. Sorry. And *Liane*—so is that a diminutive of Lillian?"
Ursula rolled her eyes. Wordlessly, she mouthed, *stop it*, while swiping her index finger horizontally across her throat. She could always count on Blake to screw things up.
Meanwhile Wesley politely shook her parents' hands. "Nice to meet you, Mrs. Tseng, Mr. Tseng. I hope you had a good flight."
Her parents smiled at Wesley, clearly relieved not to have to listen to any further butchering of their names.
"Did I hear that the tent will be built this morning?" her father asked.
"Yes, that's why I figured I'd come and help out. To supervise the workers. Make sure they don't mess things up and break stuff," Wesley offered.
Her father turned to her. "Is Oliver not coming to help with that?"
"He can't. He's protecting a client today," Ursula answered quickly, pasting a regretful expression onto her face. "Last-minute booking. They couldn't find anybody else on such short notice. It's their busy season, Dad."
He raised an eyebrow. "Oh, I

großen politischen oder gesellschaftlichen Veranstaltungen stattfinden, bekommen wir viel mehr Buchungen."

Ihr Vater warf Blake einen prüfenden Blick zu. „Du bist also auch ein Bodyguard."

Blake nickte stolz. „Ja. Ich arbeite auch für Scanguards."

„Ich auch!", unterbrach Wesley, als wäre dies ein Wettbewerb. Und zwischen den beiden war es das normalerweise auch.

„Hmm, wenn ihr zwei Bodyguards bei Scanguards seid, warum musste dann Oliver den Kunden übernehmen, wenn er sich doch der Hochzeitsvorbereitungen annehmen sollte, anstatt dass ihr das macht?"

„Äh", murmelte Blake.

„Weder Blake noch Wesley sind voll ausgebildet", sagte Ursula schnell. „Sie haben noch nicht alle ihre Scheine, also dürfen sie noch keinen Kunden alleine beschützen."

Die Erklärung schien ihren Vater zufriedenzustellen. „Na gut dann."

Ein weiteres Klingeln an der Tür unterbrach das Gespräch.

„Das werden die Arbeiter fürs Zelt sein. Ich lasse sie mal herein", kündigte Blake an.

Er ging zurück in den Flur und Wesley folgte ihm. Ursula spürte die Hand ihrer Mutter auf ihrem Arm. Sie drehte sich zu ihr um.

„Wir müssen irgendwo Kleider für die vier zusätzlichen Brautjungfern finden", kündigte ihre Mutter an und blickte auf die Liste in ihrer Hand.

„Ich werde sie erst einmal anrufen."

„Gut. Ruf sie an, und frag sie auch gleich nach ihrer

had no idea there were seasons for bodyguards."

"Oh yeah, totally!" Blake chimed in. "Whenever there are any political or big society events, we get a lot more bookings."

Her father gave Blake a scrutinizing look. "So you're a bodyguard too."

Blake nodded proudly. "Yes. I work for Scanguards too."

"Me too!" Wesley piped up, as if this were a competition. And between those two guys it generally was.

"Hmm, so if you two are bodyguards at Scanguards, why is it that Oliver had to take a booking when he should be taking care of these things, rather than one of you helping with the wedding arrangements?"

"Uh," Blake mumbled.

"Neither Blake nor Wesley are fully trained yet," Ursula said quickly. "They don't have all their certifications yet, so they're not allowed to protect a client on their own."

The explanation seemed to satisfy her father. "Well, good, then."

Another ring of the doorbell interrupted them.

"That'll be the tent guys. I'll let them in," Blake announced.

As he walked back into the hallway, Wesley on his heels, Ursula felt her mother's hand on her arm. She turned to her.

"We'll need to somehow get dresses for the extra four

Kleidergröße, und dann gehen wir einkaufen. Hast du eine Schneiderin, die uns helfen kann, ein paar Änderungen zu machen, wenn's nötig ist?"

Ihre Mutter war ein wahrer Wasserfall von Fragen.

„Und wenn wir die richtigen Kleider gefunden haben, sollen deine Freundinnen uns gleich dort zur Anprobe treffen."

„Aber können wir nicht einfach die Kleider kaufen, hierher bringen und dann können meine Freundinnen sie hier anprobieren, und die Schneiderin kann dann gleich die Änderungen hier machen?", schlug Ursula vor. Yvette, Rose und Vera zur Anprobe tagsüber in ein Geschäft zu bewegen, wäre unmöglich. Als Vampire mussten sie das Tageslicht meiden. Nur die Menschen und die Hybriden konnten tagsüber die Kleider anprobieren.

„Das ist zu kompliziert. Wir müssen es gleich im Geschäft machen."

„Aber das geht nicht."

„Warum nicht?"

Ursula suchte nach einer Ausrede. „Sie arbeiten doch tagsüber. Sie können sich nicht einfach freinehmen."

„Rose arbeitet?" Ihre Mutter deutete mit ihrem Kopf zur Decke. „Aber sie schläft doch noch."

„Äh." Panik ergriff Ursula. „Sie fängt nur etwas später an. Ich bin sicher, dass wir die Anprobe abends machen können."

Ihre Mutter warf ihr einen missfallenden Blick zu. „Du machst das alles sehr kompliziert, Wei Ling! Ich versuche nur, dir zu

bridesmaids," her mother announced, looking at the list in her hands.

"I'll first have to talk to them."

"Good. Call them and while you're talking to them, ask them for their dress size, and then we'll need to go shopping. Do you have a local seamstress who can help us make alterations if we need to?"

Her mother was a veritable waterfall of questions.

"And when we've found the right dresses, they can meet us for the fitting."

"But can't we just get the dresses, bring them here, and then have everybody try them on and then get a seamstress to make the alterations here?" Ursula suggested. Having Yvette, Rose, and Vera meet them for a fitting during the day would be impossible. As vampires, they had to avoid daylight. Only the humans and the hybrids would be able to do a daytime fitting.

"That's too complicated. We'll have to do it right at the shop."

"But that won't work."

"Why not?"

Ursula scrambled for an excuse. "Well, they work during the day. They can't take time off."

"Rose works?" Her mother's head motioned to the ceiling. "But she's still asleep."

"Uh." Panic raced through Ursula. "Well, she starts a little

helfen."

„Ich weiß, Mom", sagte sie schnell, um sie nicht zu verärgern. „Ich weiß es wirklich zu schätzen."

„Also, dann lass uns nicht noch mehr Zeit verschwenden."

Ursula spürte jetzt schon, wie diese Woche ablaufen würde: stressig, anstrengend und chaotisch. Und ihr graute vor jeder einzelnen Minute, da sie wusste, dass Oliver nicht viel hier sein würde. Vielleicht wäre es besser gewesen, ihren Eltern gegenüber nicht vorzugeben, dass sie und Oliver keine intime Beziehung hatten. Vielleicht hätte sie es ihnen von Anfang an gestehen sollen. Ihre Eltern wären vielleicht zuerst verärgert gewesen, doch Oliver hätte dann zumindest nicht ausziehen müssen. Und sie hätte eine Schulter zum Anlehnen gehabt. Und Arme, die sie drücken würden, um den Stress der Hochzeitsplanungen wegzuwischen.

later. I'm sure we can do something one evening."

Her mother gave her a displeased look. "You're making this all very difficult, Wei Ling! I'm just trying to help you."

"I know, Mom," she said quickly in order not to upset her. "I really appreciate it."

"Well, then, let's not waste any more time."

Ursula already sensed how this week would turn out: stressful, exhausting, and chaotic. And she dreaded every single minute of it, knowing that Oliver wouldn't be around much. Maybe pretending to her parents that she and Oliver didn't have an intimate relationship hadn't been such a good idea after all. Maybe she should have just come out with it at the beginning. Her parents would have been upset at first, but at least Oliver would have been able to stay at the house. And she would have a shoulder to lean on and arms around her to wipe away the stress of planning a wedding.

6

Die Tür zum Seiteneingang, an die sich ein schmaler Pfad an Quinns Haus entlang anschloss, stand offen und zwei Männer trugen schwere Metallstangen hinein.

In dem Moment, als die Sonne untergegangen war, hatte Oliver die kurze Strecke von Samsons Haus in Nob Hill zu Quinns Villa in Russian Hill zu Fuß zurückgelegt. Er hatte das Auto nicht zu Samson mitgenommen, weil dieser keinen zusätzlichen Stellplatz in der Garage hatte und Parkplätze auf den Straßen von Nob Hill praktisch unmöglich zu ergattern waren.

Oliver folgte den Arbeitern durch den schmalen Gang, der in den Garten führte, neugierig darauf, wie weit die Arbeit bereits fortgeschritten war.

Als er den Garten erreichte, sah er sich um. Mehrere Männer waren damit beschäftigt, ein Gerüst aus Metallstangen aufzubauen, auf dem schließlich riesige Bahnen aus festem Leinen befestigt werden sollten. Das Zelt sollte den gesamten Garten überdecken und nahtlos mit der Rückseite des Hauses und dem Hintereingang verbunden sein. Auch um die andere Seite des Hauses sollte ein Zeltgang errichtet werden, der zu den Balkontüren im Wohnzimmer führte, sodass die Gäste nicht durch die Küche oder den

The door to the tradesmen entrance which opened to a narrow path leading along Quinn's house stood open, and two men were carrying heavy metal rods through the walkway.

The moment the sun had set, Oliver had walked the short distance from Samson's Nob Hill house to Quinn's mansion in Russian Hill. He'd not taken the car to Samson's, because there was no extra parking in the garage, and parking on the streets of Nob Hill was virtually impossible.

Oliver followed the workers through the narrow walkway that led into the garden, curious to see how far they'd gotten.

When he reached the garden, he looked around. Several men were busy, connecting metal rods to build a scaffold that would eventually be draped with huge canvas panels to create a tent that covered the entire backyard and connected seamlessly to the back of the house and its back entrance. A sliver of it would also drape around the other side of the house to lead to the French doors in the living room so that the guests wouldn't have to trek through the kitchen or the dirty tradesmen entrance to get to the

schmutzigen Seiteneingang gehen mussten, um in das Zelt zu gelangen.

Alles schien sehr gut voranzukommen, doch Oliver wusste, dass es gut zwei Tage dauern würde, bis das Zelt bezugsfähig war. Erst dann konnten andere Dinge wie Tische, Stühle und die Dekoration hereingebracht werden.

Oliver wandte sich von den Arbeitern ab und ging durch die offene Tür in die Küche.

Wesley stand über der Küchentheke gebeugt und kaute an einem Sandwich.

„Hey!", begrüßte Oliver ihn.

Der Möchtegern-Hexer hob die Hand zum Gruß, sein Mund zu voll zum Sprechen.

„Wo sind alle?"

Wesley schluckte sein Essen hinunter, bevor er antwortete: „Ich nehme an, mit ‚alle' meinst du Ursula."

War er in der Tat so durchschaubar? Zu jeder anderen Zeit hätte er dies geleugnet, aber er vermisste die Frau, die bald seine Ehefrau und Gefährtin sein würde, und er scherte sich nicht darum, ob Wesley ihn deshalb aufziehen wollte oder nicht.

„Also? Wo ist sie?"

„Mit ihrer Mutter einkaufen."

„Weißt du, wann sie zurück sein wird?"

Wesley zuckte die Achseln. „Ich hörte etwas über Kleider für die Brautjungfern. Da habe ich sofort abgeschaltet."

„Und Ursulas Vater?"

„Wahrscheinlich noch oben. Er wollte sich hinlegen und ausruhen. Ich glaube, der ganze Trubel hier unten hat ihn ermüdet." Wes legte

tent.

Things seemed to be moving at a swift pace, but Oliver knew it would take a good two days until the tent was operable. Only then could other things be brought in, like tables, chairs, and decorations.

Oliver turned away from the workers and walked through the open door into the kitchen.

Wesley stood over the kitchen counter, munching on a sandwich.

"Hey!" Oliver greeted him.

The wannabe witch lifted his hand in greeting, his mouth too full to speak.

"Where is everybody?"

Wesley swallowed before he answered. "I suppose with 'everybody' you mean Ursula?"

Was he indeed that transparent? At any other time he would have denied it, but he missed the woman who would soon be his wife and his mate, and he couldn't care less whether Wesley wanted to tease him about it.

"So? Where is she?"

"Out shopping with her mother."

"Do you know when they'll be back?"

Wesley shrugged. "I heard something about bridesmaid's dresses. That's when I tuned out."

"And Ursula's father?"

"Probably still upstairs. He wanted to lie down and rest. I think the whole racket down

sein angebissenes Sandwich ab und ging zur Tür, die in den Flur führte, spähte kurz hinaus, dann schloss er sie wieder und drehte sich um. „Also, wo wir gerade alleine sind, wollte ich dich um einen Gefallen bitten."

Oliver hob eine Augenbraue, immer misstrauisch, wenn Wesley wollte etwas, denn was auch immer es war, es führte in der Regel stets zu einer kleinen Katastrophe. „Welche Art von Gefallen?"

Wesley rieb sich den Nacken. „Na ja, über die Welpen weißt du ja Bescheid, oder?"

„Havens Labrador Welpen, die du mal mit deiner Magie in Ferkel verwandelt hast?"

Ein verlegenes Grinsen breitete sich auf Wesleys Gesicht aus. „Ja, es ist nur, dass ich versucht habe, sie wieder in Hunde zu verwandeln, aber es hat nicht funktioniert."

Oliver konnte vor Überraschung das Lachen nicht unterdrücken, das sich in seiner Brust bildete. „Willst du damit sagen, dass sie immer noch Schweine sind?"

„Haven ist darüber gar nicht erfreut. Also habe ich meinen Kopf in die Bücher gesteckt und diesen Zaubertrank gefunden, der funktionieren dürfte. Nur, dass ich dafür ein paar Tropfen Vampirblut – "

„Kommt ja gar nicht in Frage!", unterbrach Oliver. „Frag deinen Bruder!"

Wesley machte eine Grimasse. „Er hat schon abgelehnt. Also dachte ich, vielleicht würdest du mir helfen wollen."

Oliver kniff die Augen

here seems to have tired him out." Wes set down his half-eaten sandwich and walked to the door that led into the hallway, peered outside for a moment, then closed it again and turned back. "So while we're alone, I wanted to ask you for a favor."

Oliver lifted an eyebrow, always suspicious when Wesley wanted something because whatever it was, it generally led to a minor disaster. "What kind of favor?"

Wesley rubbed his neck. "Well, you heard about the puppies, right?"

"Haven's Labrador puppies that you once turned into piglets with your magic?"

A sheepish grin spread over Wesley's face. "Yeah, it's just, I've been trying to turn them back into dogs, but it hasn't worked."

Surprised, Oliver couldn't suppress the chuckle that built in his chest. "Are you telling me that they are still pigs?"

"Haven is none too happy about it either. So, I hit the books and came across this spell that should work. Only thing is, I need a few drops of vampire blood to—"

"No way!" Oliver interrupted. "Go hit up your brother!"

Wesley made a grimace. "He's already turned me down. So I figured maybe you'd wanna help out."

zusammen. „Hast du dich deshalb freiwillig gemeldet, bei den Hochzeitsvorbereitungen zu helfen, damit ich dir von meinem Blut gebe?"

Wesley schnaubte empört. „Als ob ich so etwas tun würde! Ich helfe, weil ich helfen will. Ich dachte, wir wären Freunde."

„Du bist vollkommen durchschaubar, Wes!"

Dieser zuckte mit den Schultern. „Also? Komm schon, es sind doch nur ein paar Tropfen. Ich habe eine Ampulle mitgebracht. Du wirst es nicht einmal spüren. Es ist nur ein Nadelstich. Und es ist alles für einen guten Zweck. Wenn ich diese Schweine nicht wieder in Hunde verwandle, werden sie womöglich noch zu Speck und Wurst verarbeitet."

Oliver verdrehte die Augen. „Was, wenn ich mich nicht irre, die Spitznamen sind, die Blake ihnen gegeben hat."

Er kannte Wes nur zu gut. Er würde so lange nörgeln und lästern, bis er bekommen hatte, was er wollte. Es war besser, lieber gleich nachzugeben. Außerdem hatte Wes recht: Ihm ein paar Tropfen Vampirblut zu geben, würde Oliver nicht wehtun, noch würde er damit jemandem anderen schaden. Immerhin hatte Vampirblut große Heilkraft.

„Na gut. Aber du schuldest mir was und glaube ja nicht, dass ich das vergessen werde! Nur ein paar Tropfen. Nur dieses einzige Mal", räumte er ein.

Wesley strahlte. „Ich schwöre es!" Er zog eine kleine Ampulle aus seiner Tasche, die gerade groß genug für etwa dreißig Milliliter war. „Hier. Nur halb voll reicht."

Oliver narrowed his eyes. "Is that why you volunteered to help out with the wedding preparations, so you can get me to give you some of my blood?"

Wesley huffed, outraged. "As if I would do that! I'm helping out because I want to. I thought we were friends."

"You're totally transparent, Wes!"

He shrugged. "So? Come on. It's just a few drops. I brought a little vial. You won't even feel it. It's just a pinprick. And it's all for the greater good. If I can't turn those pigs back into dogs, they'll eventually turn into bacon and sausage."

Oliver rolled his eyes. "Which I believe are the nicknames Blake gave them."

He knew Wes all too well. He would nag and be a total pest until he'd gotten what he wanted. It was better to get it over with. Besides, Wes was right. Giving him a few drops of vampire blood wouldn't hurt, nor would it be harmful to anybody. After all, vampire blood had great healing properties.

"Fine. But you owe me one and don't think I won't collect! Only a few drops. And it'll be the only time," he conceded.

Wesley beamed. "I swear!" He pulled a small glass vial just big enough for one fluid ounce from his pocket. "Here, just half-full is fine."

Still shaking his head, Oliver

Noch immer schüttelte Oliver den Kopf und verlängerte seine Fänge zu ihrer vollen Länge. Sofort fühlte er einen Schlag wie einen Stromstoß durch sich hindurchfahren, der sich immer bemerkbar machte, wenn seine Vampirseite sich zeigte. Der immer noch im Raum hängende Duft von Ursula trieb zu seiner Nase und wickelte sich um ihn herum. Wenn sie jetzt in der Küche wäre, während seine Reißzähne voll ausgefahren waren, würde er der Versuchung, sie zu beißen, nicht widerstehen können. Das Flaschenblut, das er bei Samson konsumiert hatte, hatte ihn ernährt, ihn jedoch nicht befriedigt. Das Einzige, was wirklich seinen Hunger stillen konnte, war Ursulas Blut, während sich ihr Körper unter seinem wand.

„Äh, Oliver", weckte Wesley ihn aus seinen Gedanken.

Rasch brachte Oliver seinen Daumen an seinen Mund und stach mit einem seiner Fänge hinein. Er hielt das Fläschchen unter seinen blutenden Daumen und ließ das Blut hineintropfen, während er beobachtete, wie es sich bis zur Hälfte füllte.

„Ach, Oliver, da bist du ja."

Olivers Kopf wirbelte zur Tür. Ursulas Vater stand auf der Schwelle. Er sah blass aus.

Als sich ihre Blicke trafen, weiteten sich Yao Bangs Augen vor Schreck und Unglauben. „Oh, nein!", presste er heraus. „Das kann nicht sein!"

Oliver runzelte die Stirn, während Wesley zwischen seinen Zähnen hervor knurrte: „Deine

elongated his fangs, bringing them to full length. Instantly, he felt power surge through him, a result of his vampire side emerging. The lingering scent of Ursula drifted to his nostrils and cocooned him. If she were in the kitchen now, while his fangs were extended, he didn't think he could resist biting her. The bottled blood he'd consumed at Samson's had nourished him yet not truly satisfied him. The only thing that could truly satisfy his hunger was Ursula's blood and her body writhing beneath his.

"Uh, Oliver," Wesley prompted him, pulling him from his thoughts.

Swiftly he brought his thumb to his lips and pricked it with one of his fangs. He held the vial under his bleeding digit and let it drip into it, watching as the level quickly rose to midway.

"Oh, Oliver, you're here."

Oliver's head snapped to the door leading into the hallway. Ursula's father stood there, looking somewhat pale.

When their gazes met, Yao Bang's eyes widened in shock and disbelief. "Oh, no!" he pressed out. "That can't be!"

Oliver's forehead furrowed, while Wesley ground out low under his breath, "Your fangs!"

"Shit!" Oliver cursed, but it was too late.

He hadn't retracted his fangs, and his future father-in-law had seen them. He made a move

Fänge!"

„Scheiße!", fluchte Oliver, doch es war zu spät.

Er hatte seine Fänge noch nicht eingefahren und sein zukünftiger Schwiegervater hatte sie gesehen. Oliver machte eine Bewegung auf ihn zu und bemerkte, wie Yao Bang in Richtung Tür zurückwich. Gleichzeitig schnappte sich Wesley die Ampulle, die Oliver immer noch in der Hand hielt.

Oliver warf Wes einen wütenden Blick zu. Wegen ihm hatte er seine wahre Natur gezeigt.

Wesley zuckte die Achseln. „Lösch doch sein Gedächtnis!"

Yao Bangs Mund öffnete sich zu einem Schrei, aber Oliver sprang auf ihn zu, bevor ein Laut seine Kehle verlassen konnte, und legte seine Hand über Yao Bangs Mund. Er hinderte ihn daran zu fliehen, indem er seinen Körper umklammerte. Gleichzeitig griff er nach dem Verstand des älteren Mannes und schickte seine Gedanken zu ihm.

Du hast nichts gesehen. Du kamst in die Küche, um dir etwas zu essen zu suchen, und sahst mich und Wesley, wie wir uns Brote machten. Das ist alles, was du gesehen hast. Du hast meine Fänge nicht gesehen. Du hast kein Blut gesehen.

Yaos Bang Augen wurden ausdruckslos und die Angst in ihnen verschwand. Erleichtert ließ Oliver von ihm ab und trat zurück.

„Oliver", murmelte Yao Bang, bevor er ein paar Schritte vorwärts taumelte, seine Arme ausgestreckt, um Halt zu suchen.

Oliver packte ihn, bevor er fallen könnte. Dann sackte Yao Bang in seinen Armen zusammen. Er war toward him and noticed him shrink back toward the door. At the same time, Wesley snatched the open vial that Oliver still held in his hand.

Oliver tossed Wes an angry glare. Because of him, he'd exposed himself.

Wesley shrugged. "Wipe his memory then."

Yao Bang's mouth opened for a scream, but Oliver was on him before it could leave his throat, clamping his hand over his mouth and preventing him from escaping by clutching him to his body. At the same time, he reached out his mind to the older man and sent his thoughts to him.

You saw nothing. You came into the kitchen for a snack and saw me and Wesley making sandwiches. That's all you saw. You never saw my fangs. You never saw any blood.

Yao Bang's eyes went blank, the fear in them wiped away. Relieved, Oliver released him and stepped back.

"Oliver," Yao Bang murmured, before he staggered a few steps forward, reaching out his arms to grasp for support.

Oliver grabbed hold of him before he could fall, then felt him go slack in his arms. He was unconscious.

"Crap!"

"What did you do now?" Wesley asked.

"I didn't do anything!" Wiping somebody's memory didn't have

bewusstlos.

„Mist!"

„Was hast du jetzt angestellt?", fragte Wesley.

„Gar nichts!" Das Gedächtnis eines Menschen zu löschen, hatte keine schädigenden Nebenwirkungen. Kein Mensch war je in Ohnmacht gefallen, nachdem Oliver sein Gedächtnis gelöscht hatte. Etwas stimmte nicht. Irgendetwas war schief gelaufen. "Scheiße, Scheiße, Scheiße!" Ursula durfte nie davon erfahren. „Ruf Maya an! Sofort! Sie soll so schnell wie möglich herkommen. Sag ihr, sie soll den Seiteneingang nehmen, damit Ursula sie nicht sieht, wenn sie in der Zwischenzeit zurückkommt."

Wesley zog sein Handy heraus und wählte.

Behutsam legte Oliver seinen zukünftigen Schwiegervater auf den Boden und überprüfte dessen Puls, als sein empfindliches Gehör das Öffnen der Haustür wahrnahm. Er atmete scharf ein. Scheiße! Ursula und ihre Mutter waren zurück. Panisch sah er sich in der Küche um und fragte sich, was er tun sollte.

„Warum bringst du nicht die Kleider gleich in mein Zimmer nach oben, Wei Ling? Ich mache inzwischen einen Tee", sagte Ursulas Mutter von der Diele aus. Ihre Stimme kam näher, als sie in Richtung Küche ging.

„Okay, Mom", hörte er Ursulas Antwort, begleitet von Schritten auf der Treppe.

Die Küchentür öffnete sich, bevor Oliver eine Entscheidung darüber treffen konnte, was er mit Yao Bang machen und wie er

that kind of effect on humans. Nobody had ever fainted after he'd wiped his memory. This was not right. Something had gone wrong. "Shit, shit, shit!" Ursula could never find out about this. "Call Maya! Now! Get her here as fast as she can. Tell her to take the side entrance so Ursula won't see her when she comes back."

Wesley pulled out his cell phone and dialed.

Oliver gently lowered his future father-in-law onto the ground and checked his vital signs, when his sensitive hearing picked up the opening of the front door. He inhaled sharply. Shit! Ursula and her mother were coming back. Panicked, he looked around the kitchen, wondering what to do.

"Why don't you bring all the dresses upstairs into my room, Wei Ling? I'll make some tea," Ursula's mother said from the hallway, her voice coming closer as she walked in the direction of the kitchen.

"Okay, Mom." He heard Ursula's reply, accompanied by footsteps on the stairs.

The kitchen door opened before Oliver could make a decision as to what to do with Yao Bang and how to explain his unconsciousness.

"Oh my God! Yao Bang!" Hui Lian said, running to where he lay on the floor. She stroked her hand over his head. Then her

dessen Bewusstlosigkeit erklären sollte.

„Oh mein Gott! Yao Bang!", rief Hui Lian auf und lief zu ihm. Sie ging in die Hocke und strich ihm mit der Hand über den Kopf. Dann schossen ihre Augen zu Oliver.

Eine unzureichende Entschuldigung saß schon auf seinen Lippen, aber er kam nicht dazu, sie zu äußern.

„Wir dürfen Ursula nichts darüber sagen. Versprich es mir!" Ihre Augen flehten Oliver an.

Überrascht wich Oliver zurück. Was wusste sie? Wusste sie, dass er eine unsterbliche Kreatur war und was er ihrem Mann angetan hatte? Aber wie?

„Er hat diese Ohnmachtsanfälle. Die Ärzte denken, es ist vielleicht eine Anämie. Aber wir hatten vor der Abreise keine Zeit für ausführliche Tests. Oh Gott, ich habe so gehofft, dass das nicht passieren würde."

„Maya ist schon unterwegs", unterbrach Wesley.

„Maya?", fragte Hui Lian und ihre Augenbrauen zogen sich verwirrt zusammen.

Oliver legte eine beruhigende Hand auf ihren Unterarm. „Sie ist Ärztin. Sie wird ihn untersuchen. Alles wird gut werden."

Erleichterung schoss durch Oliver hindurch. Yao Bangs Gedächtnis zu löschen hatte diesen Ohnmachtsanfall nicht ausgelöst. Er war schon bleich gewesen, als er in die Küche getreten war. Er wäre wahrscheinlich ohnehin in Ohnmacht gefallen, selbst wenn er nicht Olivers Fänge erblickt hätte. Dennoch fühlte Oliver sich für das, was geschehen war, verantwortlich.

eyes shot to Oliver.

An inadequate excuse already sat on his lips, but he didn't get to utter it.

"We can't tell Ursula about this. Promise me." Her eyes pleaded with Oliver.

Surprised, Oliver pulled back. What did she know? Did she have an inkling that he was an immortal creature and knew what he'd done to her husband? But how?

"He has these fainting spells. The doctors think it's maybe anemia. But we didn't have time for more tests before the trip. Oh God, I hoped this wouldn't happen."

"Maya is on her way," Wesley interrupted.

"Maya?" Hui Lian asked, her eyebrows pulling together in confusion.

Oliver put a reassuring hand on her forearm. "She's a doctor. She'll check him out. He'll be fine." Relief washed through Oliver. Wiping Yao Bang's memory hadn't done this to him. He'd looked pale the moment he'd stepped into the kitchen. He'd probably been about to faint even if he hadn't seen Oliver's fangs. Still, Oliver felt responsible for what had happened.

"But we can't have Ursula see the doctor arrive. She'll be worried. She doesn't need this in the week she's getting married," her mother claimed.

"I'll distract her and keep her

„Aber Ursula darf die Ärztin nicht kommen sehen. Sie wird sich sonst nur sorgen. Sie braucht in der Woche, in der sie heiratet, nicht diese Aufregung", sagte ihre Mutter.

„Ich werde sie ablenken und dafür sorgen, dass sie oben bleibt, bis Maya wieder weg ist."

Hui Lian schenkte ihm ein dankbares Lächeln. „Ich danke dir. Du bist ein guter Mann."

Für einen Moment vereinten sich ihre Blicke und zum ersten Mal spürte Oliver Zuneigung für Ursulas Mutter. Sie wollte nur das Beste für ihre Tochter und wollte Ursulas Glück nicht zerstören, selbst wenn das bedeutete, dass sie Dinge vor ihr geheim halten musste. Das hatte Oliver mit ihrer Mutter gemeinsam: Beide würden sie Geheimnisse vor Ursula bewahren, wenn das bedeutete, dass sie damit Ursula glücklich machen konnten.

upstairs until Maya is gone again."

Hui Lian gave him a grateful smile. "Thank you so much. You're a good man."

For a moment their eyes locked, and for the first time, Oliver felt affection for Ursula's mother. She wanted only the best for her daughter and didn't want to destroy Ursula's happiness even if that meant keeping things from her. That's what they had in common. They would both keep secrets from Ursula if that meant she would be happy.

7

Ursula stellte die Einkaufstaschen auf den Boden von Olivers Zimmer, in dem ihre Eltern untergebracht waren, ließ sich auf das Bett fallen und schlüpfte gleichzeitig aus ihren Schuhen. Alles, was sie jetzt wollte, war, sich zu einer Schnecke zusammenzurollen und zu verkriechen. Sie war erschöpft und ihre Nerven waren so angespannt, dass sie bei der leisesten Konfrontation mit irgendjemandem zu zerreißen drohten. Mit ihrer Mutter Einkaufen zu gehen, war die reinste Folter gewesen.

Sie starrte zur Decke hoch und seufzte schwer, als die Tür aufging. Sofort setzte sie sich auf. Ein Lächeln formte sich auf ihren Lippen, als ihre Augen auf den Besucher fielen: Oliver.

„Hallo, Baby!", begrüßte er sie und zog sie in seine Arme, während er sich auf das Bett setzte.

Bevor sie seinen Namen sagen konnte, waren seine Lippen auch schon auf ihren und küssten sie hungrig. Obwohl er schon immer ein leidenschaftlicher Küsser gewesen war, empfand Ursula diesen Kuss intensiver und drängender als sonst.

Oliver ließ sie nach ein paar Sekunden, die ihr Herz schneller zum Schlagen brachten, los.

„Sieht so aus, als hätte ich dir gefehlt", murmelte sie gegen

Ursula dropped the shopping bags on the floor of Oliver's room where her parents were staying and plopped onto the bed, kicking her shoes off in the process. All she wanted was to curl up into a ball and hide. She was exhausted and her nerves were strung so tightly, they would at this point snap at the slightest confrontation with anybody. Spending time shopping with her mother had been pure torture.

She stared up at the ceiling, sighing heavily, when the door opened. Immediately, she sat up. A smile formed on her lips when she set eyes on her visitor: Oliver.

"Hey, baby!" he greeted her and pulled her into his arms as he sat down on the bed.

Before she could even utter his name, his lips slid over hers and kissed her hungrily. While he'd always been a passionate kisser, Ursula felt that this kiss was more intense, more urgent than normal.

Oliver released her after several heart-pounding seconds.

"Looks like you missed me," she murmured against his lips. "Maybe we should be apart more often."

He growled low and deep.

seinen Mund. „Vielleicht sollten wir häufiger getrennt sein."

Er knurrte dunkel. „Neck' mich nicht so. Du weißt doch, was passiert, wenn du so mit mir spielst."

Ursula konnte nicht umhin zu kichern. Sie liebte es, wenn Oliver so tierisch und besitzergreifend wurde, wogegen dieser Charakterzug sie doch in jedem anderen Mann abgestoßen hätte. Nachdem sie drei Jahre lang von verrückten Vampiren eingesperrt worden war, hätte sie eigentlich für immer davor zurückschrecken müssen, wenn ein Mann ihr gegenüber besitzergreifend wurde. Doch wenn Oliver sich ihr gegenüber so benahm, fühlte es sich richtig an. Sie wollte ihm gehören. Für immer.

Ursula ließ ihre Finger seinen Hals entlang gleiten und sah ihn sichtbar schlucken, als sie die Arterie streifte, die unter seiner Haut klopfte. „Ich wünschte, wir könnten unser gemeinsames Leben ohne dieses ganze Getue beginnen."

Oliver wich etwas zurück und sah sie fragend an. „Welches Getue?"

Sie machte eine allumfassende Bewegung mit ihrem Arm. „Das hier. Die Hochzeit, die Brautjungfern, das Einkaufen gehen, die Blumen, alles."

„Was? Aber wir tun das doch für dich. Mir ist eine große Hochzeit doch überhaupt nicht wichtig. Verdammt, wenn's nach mir ginge, würde ich dich jetzt gleich an einen abgelegenen Ort mit einem großen Bett schleppen und dort den Blutbund mit dir

"Don't tease me. You know how I get when you play with me."

Ursula couldn't help but chuckle. She loved it when Oliver went all primal and possessive, when she should despise exactly that character trait in any man. Having been imprisoned for three years by crazy vampires should have scarred her forever so that she never wanted another man to act all possessive about her. But somehow when Oliver did it, it felt right. She wanted to be his. Forever.

Ursula ran her fingers along his neck and saw him visibly swallow when she brushed the artery that throbbed under his skin. "I wish we could start our new life together without all this fuss."

Oliver pulled back a few inches, looking at her quizzically. "What fuss?"

She made an all encompassing motion with her arm. "This. The wedding, the bridesmaids, the shopping, the flowers, everything."

"What? But we're doing this for you. I couldn't care less about a big wedding. Hell, if I had a say, I'd drag you to a secluded place with a big bed and blood-bond with you right now."

"I never wanted a big wedding either. But look at it now." She pointed to the window, indicating the large tent that was

eingehen."

„Ich wollte auch nie eine große Hochzeit. Aber sieh es dir doch an!" Sie deutete zum Fenster und zeigte auf das große Zelt, das dort draußen aufgebaut wurde. „Ich bin nicht sicher, dass ich auf all das vorbereitet bin."

„Warum machen wir es dann?" Oliver schob eine Haarsträhne hinter ihr Ohr.

Ursula schmiegte ihre Wange in seine Handfläche und genoss die Art und Weise, wie seine Berührung ihr Trost spendete.

„Wegen meinen Eltern. Sie wollen es. Sie denken, wenn die Hochzeit perfekt ist, wird unsere Ehe genauso perfekt sein." Insbesondere glaubte ihre Mutter das. Ihren Vater hätte sie vermutlich zu einer kleineren und einfacheren Hochzeit überreden können, aber selbst er hatte keine Chance, wenn ihre Mutter erst einmal eine Entscheidung getroffen hatte.

„Unsere Ehe wird perfekt sein. Das verspreche ich dir."

Ursula seufzte. „Aber diese Hochzeit ist eine Katastrophe." Sie zeigte auf die Einkaufstaschen. „Willst du wissen, in wie viele Läden mich meine Mutter geschleppt hat, um passende Kleider für die zusätzlichen Brautjungfern zu finden?"

„Zusätzliche Brautjungfern? Sind vier denn nicht genug?"

„Vier ist eine Unglückszahl für die Chinesen. Sie bedeutet Tod. Meine Mutter hatte fast einen Anfall, als sie erfahren hat, dass ich vier Brautjungfern habe! Jetzt beharrt sie darauf, dass wir acht Brautjungfern haben, weil acht eine Glückszahl ist."

being built out there. "I'm not sure I'm prepared for all this."

"Then why are we doing it?" Oliver pushed a strand of her hair behind her ear, and she leaned into his palm, loving the way his touch comforted her.

"My parents. They want this. They think that if the wedding is perfect, the marriage will be perfect too." Particularly her mother believed that. Her father could have maybe been talked into something smaller and simpler, but even he had no chance once her mother had made up her mind.

"Our marriage will be perfect. I promise you that."

Ursula sighed. "But this wedding will be a disaster." She pointed to the shopping bags. "Do you know how many stores my mother dragged me to so we could find matching bridesmaid's dresses for the extra bridesmaids?"

"Extra bridesmaids? Are four not enough?"

"Four is a bad number in Chinese. It means death. So when Mom found out, she almost had a stroke! She insists that we have eight bridesmaids because eight is a lucky number."

Oliver shook his head. "She can't possibly believe that!"

Ursula rolled her eyes. "You don't know my mother! She's superstitious, controlling, a perfectionist and she drives me—"

Oliver schüttelte seinen Kopf. „Das kann sie doch nicht ernsthaft glauben!"

Ursula verdrehte ihre Augen. „Du kennst meine Mutter nicht! Sie ist abergläubisch und störrisch, eine Perfektionistin und sie treibt mich zum – "

„Sag's nicht, Ursula!", meinte er beschwichtigend und legte seinen Finger auf ihre Lippen. „Deine Mutter will nur dein Bestes. Sie möchte, dass du glücklich bist, und würde alles für dich tun."

Ursula spürte, wie ihre Augenbrauen zusammenkniffen. „Woher willst du das wissen? Du kennst sie doch kaum."

Er lächelte. „Ich kann es spüren. Vertrau mir. Sie tut das für dich. Verdirb es ihr nicht. Ich weiß, dass du gestresst bist."

„Gestresst ist eine Untertreibung. Ich muss noch alle Brautjungfern zur Anprobe zusammenbringen, und da die Hälfte von ihnen Vampire sind, können wir das nicht tagsüber machen. Mir gehen schon die Entschuldigungen aus, warum die Anprobe nachts stattfinden muss. Und dann ist da noch die Hochzeitstorte, und meine Mutter will, dass ich Hochzeitsgeschenke für die Gäste bastel. Und den Tischschmuck und die Blumen müssen wir auch noch kaufen."

„Stopp, Baby. Ich übernehme ein paar Sachen für dich."

„Würdest du das wirklich tun?"

Er zog sie an seine Brust. „Selbstverständlich mache ich das. Es ist doch auch meine Hochzeit. Wie wär's, wenn ich mich um die Blumen und die Torte kümmere? Dann musst du dich nicht um alles

"Don't, Ursula," he said softly, placing a finger on her lips. "Your mother only wants your best. She wants you to be happy and would do anything for you."

Ursula felt her eyebrows snap together. "How would you know that? You barely know her."

He smiled. "I just have a feeling. Trust me. She's doing this for you. Don't spoil it. I know you're stressed."

"Stressed is an understatement. I still have to get all the bridesmaids together for a fitting, and since half of them are vampires, we can't do it during the day. I'm running out of excuses why it will have to be at night. And then there's the cake, and Mom wants me to make wedding favors, and we still need to shop for some special table decorations. And then there are the flowers—"

"Stop, baby. I'll take care of some of those things for you."

"You would? Really?"

He pulled her against his chest. "Of course I will. It's my wedding too. How about I'll take care of the flowers and the cake? You won't have to worry about that at all."

Ursula threw her arms around his neck. "You're the best!"

Oliver grinned unashamedly and winked at her. "I'm the best at a lot of things. Do you want me to remind you?"

She gasped, pulled out of his arms, and shot a panicked look

sorgen."

Ursula warf ihre Arme um seinen Hals. „Du bist der Beste!"

Oliver grinste unverschämt und zwinkerte ihr zu. „Ich bin der Beste in vielen Dingen. Soll ich dich daran erinnern?"

Sie sog einen schnellen Atemzug ein und entzog sich seinen Armen, während sie einen panischen Blick in Richtung Tür warf. „Das können wir nicht! Wenn meine Mutter hereinkommt und uns sieht, wird sie mir einen Vortrag über voreheliche Sex halten, und dazu bin ich wirklich gerade nicht in Stimmung."

Oliver schmunzelte. „Deine Mutter ist in der Küche beschäftigt. Sie stört uns für eine Weile nicht."

„Du kennst sie nicht. Außerdem dauert es nicht ewig, Tee zu kochen. Sie kann jeden Moment hier oben erscheinen." Ursula hüpfte vom Bett, ging zum Fenster und sah nach unten zum Zelt. Im Moment sah es jedoch noch wie ein Baugerüst aus, das Maler benutzten, um die Außenfassade eines Hauses zu streichen. Einige Männer arbeiteten noch und Flutlichter waren installiert worden, damit sie auch in der Dunkelheit etwas sehen konnten. „Wann wird das Zelt stehen?"

Sie hörte, wie Oliver aufstand und zu ihr ging. Er schmiegte seine Brust an ihren Rücken und legte seinen Arm um ihre Taille. „Ich denke, in ein oder zwei Tagen."

„Oliver?"

„Ja?"

„Denkst du manchmal daran zurück, wie wir uns begegnet sind?"

toward the door. "We can't! If my mother walks in here and sees us, she's going to give me a lecture on premarital sex, and I'm really not in the mood for that."

Oliver chuckled. "Your mother is busy in the kitchen. She won't disturb us for a while."

"You don't know her. Besides, it doesn't take forever to make tea. She'll be up here any moment." Ursula hopped off the bed and walked to the window. Below it, the tent was being built even though so far, it looked more like a scaffold used to paint a house. Several men still worked and floodlights had been installed to help them see in the dark. "When will the tent be up?"

She heard Oliver rise and walk to her. Then he pressed his body against her back und put his arm around her waist. "Maybe another day or two."

"Oliver?"

"Yes?"

"Do you sometimes think back to when we met?"

"All the time."

She turned her head halfway to look at him. "I'm glad it was you whose arms I collapsed in. You saved me."

Oliver smiled and shook his head. "No, *you* saved *me*. I was on a downward spiral. If I hadn't met you that night, I would have slid deeper, until one day I would have fallen prey to bloodlust. I was lucky to have

„Ständig."

Sie drehte ihren Kopf halb, um ihn anzusehen. „Ich bin froh, dass es deine Arme waren, in die ich gefallen bin. Du hast mich gerettet."

Oliver lächelte und schüttelte den Kopf. „Nein, *du* hast *mich* gerettet. Ich befand mich in einem Teufelskreis. Wenn ich dir in jener Nacht nicht begegnet wäre, wäre ich immer tiefer geschlittert, bis ich eines Tages der Blutgier zum Opfer gefallen wäre. Ich hatte Glück, dass ich dich fand."

Sie hob sich auf die Zehenspitzen hoch und drehte sich in seinen Armen zu ihm um. „Ich hoffe, dass wir immer so glücklich sein werden wie jetzt."

„Sobald wir blutgebunden sind, werden wir sogar noch glücklicher sein. Dann werde ich dich auch besser beschützen können."

Seine Worte überraschten sie. „Was meinst du damit?"

„Durch unseren Bund werde ich spüren können, wenn du in Gefahr bist. Und wir können dann telepathisch miteinander in Verbindung bleiben."

Sie wusste alles über diesen Aspekt des Blutbundes. Aber etwas in seinen Worten ließ sie nachhaken. „Warum sollte ich in Gefahr sein?"

Er zuckte mit den Schultern. „Ich sag ja nur. Wenn dir jemals etwas geschieht, dann werde ich es wissen."

Ursula gab ihm einen Klaps auf die Schulter. „Mach nicht die Pferde scheu! Nichts wird passieren. Ich bin hier in Sicherheit."

Oliver drückte einen Kuss auf ihre Stirn. „Ja, du bist bei mir in Sicherheit."

found you."

She lifted herself on her tiptoes and turned in his arms. "I hope we'll always be as happy as now."

"We'll be even happier once we're blood-bonded. Then I'll be able to protect you better."

His words surprised her. "What do you mean?"

"I'll be able to sense when you're in danger because of the bond. And we'll be able to communicate telepathically."

She knew all about that aspect of the blood-bond. But some of his words made her ask, "Why would I be in danger?"

He shrugged. "Just saying. If anything ever happens, I'll know."

Ursula slapped his shoulder. "Don't spook me! Nothing will happen. I'm safe here."

He pressed a kiss to her forehead. "Yes, you're safe with me."

8

„Es ist zu eng", beschwerte sich Delilah.

Sie war eine von elf Frauen, die sich im Wohnzimmer von Quinns und Roses Haus aufhielten. Acht der Frauen probierten ihre Brautjungfernkleider an. Ursula warf einen flüchtigen Blick zu ihrer Mutter, die der Näherin bei den Anpassungen an Yvettes Kleid half – oder besser gesagt, die arme Näherin herumkommandierte.

Ursulas Mutter hatte Delilahs Bemerkung glücklicherweise nicht gehört. Zu laut war das Stimmengewirr im Raum, der im Moment für Männer gesperrt war. Tatsächlich stand Blake vor der Tür Wache, damit keiner der Arbeiter, die die Stühle und Tische ins Zelt trugen, versehentlich den Raum mit den dürftig gekleideten Frauen betrat.

„Lass mich dir helfen", bot Ursula an und näherte sich Delilah.

Delilah, eine dunkelhaarige Frau mit grünen Augen, hatte eine umwerfende Figur, obwohl sie um die Hüften herum etwas stärker war als die anderen Frauen im Raum. Kein Wunder, denn sie hatte vor etwa einem Jahr ein Kind zur Welt gebracht und hatte anscheinend Probleme, die letzten Schwangerschaftspfunde loszuwerden.

„Danke, Ursula. Ich will wirklich kein Problem daraus machen, aber wenn ich den

"It's too tight," Delilah complained.

She was one of eleven women assembled in the living room of Quinn and Rose's mansion, eight of whom were trying on their bridesmaid's dresses. Ursula tossed a glance in her mother's direction, who was assisting the seamstress in making some adjustments to Yvette's dress— or rather bossing the poor woman around.

Her mother hadn't heard Delilah over the din of voices in the room, which was currently off-limits to the men. In fact, Blake had been posted outside the door to make sure none of the workers carrying chairs and tables into the tent would accidentally step inside the room of scantily clad women.

"Let me help you," Ursula offered and approached Delilah.

Delilah, the pretty dark-haired woman with the green eyes, had a great figure, though she was a little rounder around her hips than some of the other women assembled. No wonder, she was the one who had borne a child a year earlier and seemingly had trouble getting rid of the last few pounds of pregnancy weight.

"Thank you, Ursula. I don't mean to be complicated, but if I

Reißverschluss ganz nach oben ziehe, kann ich nicht mehr atmen. Ich kann meinen Busen nicht in dieses Kleid hineinquetschen." Delilah blickte sie entschuldigend an. „Und ich schwöre, dass ich in den letzten zwei Wochen keine Kekse gegessen habe!"

Ursula kicherte und fing Mayas Blick auf, die in der Nähe stand und jetzt auf sie zukam. Maya ließ einen langen Blick über Delilah schweifen, dann beugte sie sich näher zu ihr.

„Ich bezweifele, dass es die Kekse sind, Delilah." Mayas Augen funkelten. „Wenn du nichts dagegen hast, möchte ich dir gerne als deine Ärztin etwas sagen: Normalerweise sind es nicht die Süßigkeiten, die deinen Busen anschwellen lassen."

Ursula bemerkte, wie Delilah einen Atemzug einsog. „Du glaubst doch nicht etwa – " Sie verstummte und streifte mit ihrer Hand über ihren Oberkörper, bevor sie sie auf ihrem Bauch zur Ruhe kommen ließ. „Aber, wir haben doch aufgepasst." Ihre Backen färbten sich hübsch rot.

Ursula musste keine Gehirnchirurgin sein, um zu wissen, worauf Maya anspielte. „Willst du damit sagen, dass Delilah schwanger ist?", flüsterte sie, damit niemand sonst im Raum sie hören konnte. Außer möglicherweise die anderen Vampirinnen, deren Gehörsinn dem der Sterblichen überlegen war: Rose, Yvette, Vera sowie Portia und Lauren, die beide Hybridinnen waren – halb Vampir, halb Mensch.

Maya lächelte Delilah an. „Du zip it all the way up, I won't be able to breathe. I can't squeeze my boobs into this dress." Delilah glanced at her apologetically. "And I swear I didn't have any cookies in the last two weeks!"

Ursula chuckled and caught Maya's eye, who stood close and now approached. Maya let a long look wander over Delilah, then leaned in closer.

"I doubt it's the cookies, Delilah." Maya's eyes twinkled. "If you don't mind my saying so as your physician, it's generally not cookies that make your boobs swell."

Ursula noticed how Delilah sucked in a breath. "You don't think—" She stopped herself and ran her hand along her torso before resting it on her belly. "But, we've tried to be careful." Her cheeks colored prettily.

Ursula didn't have to be a brain surgeon to figure out what Maya was alluding to. "Are you saying Delilah is pregnant?" she whispered so nobody else in the room could hear them. Except maybe the other vampire females in the room, whose hearing was superior to that of humans: Rose, Yvette, Vera, as well as Portia and Lauren, who both were hybrids, half vampire, half human.

Maya smiled at Delilah. "I think you should come in for a test in the next few days. So we can be sure. I would love to

solltest in den nächsten Tagen wegen einem Schwangerschaftstest bei mir vorbeikommen. Dann können wir es mit Sicherheit feststellen. Ich würde wahnsinnig gerne deine Schwangerschaft diesmal vom Anfang bis zum Ende studieren. Letztes Mal war ich ja nur beim Schluss dabei."

„Das heißt, wenn ich wirklich schwanger bin. Vielleicht werde ich ja nur dick!", scherzte Delilah.

„Mit einem Mann wie Samson?" Maya sah Ursula an, die ihr Lachen nicht unterdrücken konnte.

„Maya hat recht. Ich kenne zwar Samson nicht so gut wie ihr, aber wenn er nur annähernd wie Oliver ist, dann überrascht es mich, dass ihr erst ein Kind habt." Entsetzt über ihre eigenen Worte, schlug sich Ursula die Hand über den Mund und blickte sich schnell im Raum um, um zu sehen, ob ihre Mutter in der Nähe war. Zu ihrer Erleichterung bedrängte diese noch immer die arme Näherin und gab ihr Tipps, wie sie ihre Arbeit erledigen sollte.

Als Ursula sich zu Maya und Delilah zurückdrehte, kicherten beide Frauen.

„Sieht so aus, als sei unser Oliver ein richtiger Mann geworden", sagte Delilah. Ihre Zuneigung für ihn leuchtete aus ihren Augen und aus ihren Worten.

Ursula senkte plötzlich verlegen ihre Augenlider. „Meine Eltern wissen nichts davon."

Ursula spürte eine Hand auf ihrem Unterarm und sah auf. Maya drückte ihren Arm kurz. „Und von uns werden sie es auch nicht erfahren."

study your pregnancy from beginning to end this time. Last time I only got the tail end of it."

"That is, if I'm really pregnant. I could well be just getting fat!" Delilah joked.

"With a man like Samson?" Maya looked at Ursula, and Ursula couldn't help herself but laugh.

"Maya is right. I mean I don't know Samson that well, but if he's anything like Oliver, then I'm surprised you only have one child so far." Shocked at her own words, Ursula slapped her hand over her mouth, then quickly scanned the room to see if her mother was close by. To her relief, she was still harassing the poor seamstress and giving her tips on how to do her job.

When she turned back to Maya and Delilah, both women were chuckling.

"Guess our Oliver has become quite a man," Delilah said, the affection for him shining through her words and eyes.

Ursula dropped her lids, suddenly embarrassed. "My parents don't know."

Ursula felt a hand on her forearm and looked up. Maya squeezed her arm briefly. "And they won't hear it from us."

"Thank you!"

"So, about the dress," Delilah started.

"Don't worry," Ursula said. "There should be enough inside seam so the seamstress can let it out to make it wide enough so

„Danke!"

„Also, wegen des Kleides", begann Delilah nochmals.

„Mach dir keine Sorgen", beschwichtigte Ursula sie. „Da ist bestimmt genügend Saum drin. Die Näherin kann etwas herauslassen, damit du bequem atmen kannst. Lass mich sie holen."

Ursula ging auf die Näherin zu, die vor Yvette kniete, um die Länge ihres Kleides abzustecken, und klopfte ihr auf die Schulter. „Mrs. Petrochelli? Könnten Sie meiner Freundin Delilah bitte helfen? Ihr Kleid ist zu eng. Sie müssen ein wenig von der Naht herauslassen."

„Zu eng?", unterbrach ihre Mutter mit einem panischen Gesichtsausdruck. „Aber du sagtest doch, sie trägt Größe 36. Wir haben ihr Größe 36 gekauft."

„Ja, aber das Kleid ist ein bisschen zu eng", versuchte Ursula, ihre Mutter zu beschwichtigen, aber es sah so aus, als ob es dafür bereits zu spät war: Ihre Mutter war in den Panikmodus übergegangen und eilte bereits in Richtung Delilah.

Mit einem Seufzer sah Ursula über ihre Schulter und beobachtete, wie ihre Mutter hinter Delilah trat, um zu versuchen, den Reißverschluss hochzuziehen. Dann gestikulierte sie wild und Ursula musste sich wegdrehen. Sie konnte nicht weiter zusehen. Sie würde sich nur noch mehr aufregen.

„Deine Mutter nimmt alles zu ernst", sagte Yvette unerwartet. Ursula drehte sich zu ihr um und lächelte.

you can breathe comfortably. Let me get her."

She walked to the seamstress, who knelt in front of Yvette to adjust the seam of her dress, and tapped her on the shoulder. "Ms. Petrochelli? Could you please help out my friend Delilah? Her dress is too tight. You'll need to let a little bit of the seam out."

"Too tight?" her mother interrupted, a panicked look on her face. "But you said she wore a size six. We bought her a size six."

"Yes, but it's just a little too tight." Ursula tried to calm her down, but it appeared it was already too late. Her mother had switched to panic mode and was already moving toward Delilah.

With a sigh, Ursula looked over her shoulder and watched how she stepped behind Delilah to try to zip her up. Then she gesticulated wildly and Ursula had to turn away. She couldn't watch. It would only make her stress about things even more.

"Your mother takes things too seriously," Yvette suddenly said, making Ursula look at her and smile.

"Don't all mothers?" She simply shrugged then let her eyes wander over Yvette's red dress. "You look great in this. It's totally your color."

Yvette smiled broadly. "I love it. I was just a little surprised that you chose red for the bridesmaid's dresses. Normally

„Tun das nicht alle Mütter?" Sie zuckte einfach mit den Schultern und ließ dann ihre Augen über Yvettes rotes Kleid wandern. „Das steht dir wunderbar. Das ist eine tolle Farbe für dich."

Yvette lächelte breit. „Ich liebe es. Obwohl es mich überrascht hat, dass du rot für die Brautjungfernkleider ausgewählt hast. Normalerweise müssen die Brautjungfern immer grässliche Farben wie rosa oder orange tragen, damit sie der Braut nicht die Schau stehlen."

„Rot bringt Glück bei einer chinesischen Hochzeit. Je mehr rot umso besser. Außerdem, wo doch alle außer Rose und Nina dunkle Haare haben, dachte ich mir, ist das eine Farbe, die allen gut stehen würde." Sie kicherte. „Rose und Nina können sowieso jede Farbe tragen, die sie wollen."

Yvette lachte und zwinkerte ihr zu. „Ja, die Blondinen haben's gut."

Ursula hatte Yvette noch nie so sorglos gesehen. Während sie in Yvettes Lachen einstimmte, hörte sie plötzlich das entsetzte Keuchen ihrer Mutter und wunderte sich, was nun wieder schief gegangen war.

Ihre Mutter eilte schon in Ursulas Richtung und starrte sie mit weit aufgerissenen Augen und entsetztem Blick an. „Warum hast du mir das nicht gesagt?"

Instinktiv wich Ursula zurück. Hatte jemand verlauten lassen, dass sie mit Oliver zusammenwohnte? „Dir was gesagt?", konnte sie gerade noch sagen, um sich Zeit zu verschaffen.

„Olivers Geburtsdatum!" Die

the bridesmaids get to wear some ghastly color like pink or orange, just so that they can't upstage the bride."

"Red means good luck at a Chinese wedding. The more red the better. Besides, with all of you except for Rose and Nina having dark hair, I figured it's a color that would look good on all of you." She chuckled. "And Rose and Nina can wear any color they want anyway."

Yvette laughed and winked at her. "Yes, blondes have all the fun."

Ursula had never seen her so lighthearted. As she joined in Yvette's laughter, she heard her mother's shocked gasp and turned, wondering what had gone wrong now.

Her mother stalked toward her, eyes wide, a dismayed look on her face. "Why didn't you tell me?"

Instinctively, Ursula backed away. Had somebody let it slip that she'd been living with Oliver? "Tell you what?" she managed to ask, trying to buy herself some time.

"About Oliver's date of birth!" Her mother's cheeks were flushed as her voice rose.

The other women fell silent and were suddenly all staring at them.

"Why didn't you tell me that he was born on the fourth of April?"

Ursula stared blankly at her mother. "What?" And who had

Wangen ihrer Mutter waren gerötet und ihre Stimme erhoben.

Die anderen Frauen verstummten plötzlich und starrten sie beide an.

„Warum hast du mir nicht gesagt, dass er am 4. April geboren ist?"

Ursula starrte ihre Mutter verständnislos an. „Was?" Wer hatte ihr das überhaupt mitgeteilt? Sie betrachtete die Gesichter ihrer Brautjungfern und sah Rose, die eine hilflose Geste mit ihren Schultern machte.

„Deine Mutter hat mich gefragt, damit sie als Überraschungsgeschenk noch ein Horoskop erstellen lassen kann", sagte Rose entschuldigend.

„Der vierte Tag des vierten Monats, Ursula! Wie hast du mir das vorenthalten können?", fragte ihre Mutter nochmals.

Endlich fiel bei Ursula der Groschen. Es war ein schlechtes Omen. Da die Ziffer Vier in der chinesischen Kultur Tod bedeutete, und der Bräutigam zwei Vieren in seinem Geburtsdatum hatte, konnte das nur Unheil bedeuten. Ursula war nicht abergläubisch, da sie doch größtenteils in der westlichen Kultur aufgewachsen war, aber ihre Mutter war noch zu sehr in dem alten Glauben verwurzelt.

„Das ist egal, Mom!", antwortete Ursula.

„Ist es nicht! Hast du keine Achtung vor deiner Herkunft? Keinen Glauben an unsere Kultur?"

Ursula hörte vage, wie es an der Haustür klingelte.

„Es ist mir egal, wann sein even told her? She looked at the faces of her bridesmaids and saw Rose shrug and make a helpless gesture.

"Your mother asked so she could get a horoscope done as a surprise gift," Rose said apologetically.

"The fourth day of the fourth month, Ursula! How could you keep this from me?" her mother asked again.

That's when it finally clicked. It was a bad omen. With four meaning death in Chinese culture, for the groom to have two fours in his birth date spelled disaster. Ursula didn't believe in these superstitions, having grown up mostly in Western culture, but her mother was still too engrained in the old beliefs.

"It doesn't matter, Mom!" she answered.

"It matters! Have you no respect for your heritage? No belief in our culture?"

Ursula vaguely heard the chiming of the doorbell.

"I don't care when he was born. I love him!"

Her mother shook her head. "We have to change things. I'll have to get a horoscope done and see whether there's a day you can marry him that will counteract his date of birth. A day that'll be luckier than others."

"That's ridiculous! I'm not doing this! I'm getting married

Geburtstag ist. Ich liebe ihn!"
Ihre Mutter schüttelte den Kopf. „Wir müssen die Sache ändern. Ich muss ein Horoskop erstellen lassen, damit wir sehen können, ob es einen Hochzeitstermin gibt, der sein unglückliches Geburtsdatum ausgleicht. Einen Tag, der mehr Glück bringt."
„Das ist doch lächerlich! Das tue ich nicht! Ich heirate in zwei Tagen, verdammt noch mal!" Ursula lief in Richtung Tür.
„Ursula!", schrie ihre Mutter ihr nach.
„Mrs. Tseng", hörte Ursula Veras Stimme. „Möglicherweise kann ich helfen. Ich bin eine Expertin in chinesischer Numerologie."
Ursula unterdrückte ihre Tränen, riss die Tür auf und trat in den Korridor. Sie bezweifelte, dass Vera ihre Mutter beschwichtigen konnte. Schließlich war Vera die Inhaberin eines Bordells. Ja, sie war Chinesin, aber bedeutete das, dass sie irgendetwas über die abergläubischen Ideen ihrer Mutter wusste, oder wie sie diese in Luft auflösen konnte?

~ ~ ~

Er hatte ein paar Klappstühle von dem LKW geschnappt, der vor dem Haus abgestellt war und war einfach in den Garten marschiert, ohne von jemandem gestoppt zu werden. Im Zelt stellte er die Stühle an einem Tisch ab, während er sich in seiner Umgebung umsah.
Mehrere Arbeiter waren damit beschäftigt, ein Podium mit einer Überdachung zu errichten, auf der

in two days, and that's that!" Ursula ran toward the door.
"Ursula!" her mother shouted.
"Mrs. Tseng," she heard Vera's voice. "Maybe I can help. I'm an expert in Chinese numerology."
Ursula pushed back the tears as she opened the door and stepped into the corridor. She doubted that Vera could sway her mother. After all, Vera was the owner of a brothel. Yes, she was Chinese, but did that really mean she knew anything about the superstitious beliefs her mother held or how to dispel them?

~ ~ ~

He'd snatched a couple of folding chairs off the truck that was parked outside the house and simply marched into the garden without being stopped by anybody. In the tent, he placed the chairs around a table while his eyes took in his surroundings.
Various different workers were busy erecting a podium with a canopy on which undoubtedly the ceremony would take place, while others carried in tables and chairs and set them on the wooden boards that had been placed over the grass in order to form an even floor.
From what he could see, none of the workers were vampires. And if one of the humans realized that he didn't belong there, he could use mind control

ohne Zweifel die Zeremonie stattfinden würde, während andere Männer Tische und Stühle hereintrugen und sie auf die hölzernen Bretter stellten, die über dem Gras zu einem ebenen Untergrund verlegt worden waren.

Soweit er sehen konnte, war keiner der Arbeiter ein Vampir. Selbst wenn einer der Menschen feststellen würde, dass er nicht hierher gehörte, könnte er mit Hilfe von Gedankenkontrolle dafür sorgen, dass es nicht zu Problemen kommen würde.

Er blickte über seine Schulter und vergewisserte sich, dass ihn niemand bemerkte, und pirschte sich zur Tür, die in den hinteren Teil des Hauses führte. Er trat rasch ein und fand die große Wohnküche leer vor. Er drückte die Tür zum Flur auf und erspähte einen sterblichen Mann, der vor einer Tür Wache stand. Der große, junge Mann war nicht älter als fünfundzwanzig. Er könnte den Menschen innerhalb von Sekunden überwältigen, sollte es nötig sein.

Er machte die Tür einen Spalt weiter auf, als es an der Haustür läutete.

Der Sterbliche seufzte und ging zur Eingangstür, wobei er ihm den Rücken zudrehte. Das gab ihm genügend Zeit, die Küche zu verlassen und in den Korridor zu gelangen. Schnell schlich er sich in einen anderen Raum, den er anhand des Geruchs als Waschküche identifizierte, noch bevor er die Tür geöffnet hatte. Er war nun nur wenige Schritte von der Treppe entfernt, die ins obere Stockwerk führte. Dorthin wollte er gelangen, um Ursulas Zimmer

on him and make sure there would be no trouble.

Looking over his shoulder, he made sure nobody was taking any notice of him, and stalked to the door that led into the back of the house. He entered quickly, finding nobody in the large eat-in kitchen. He pushed the door to the hallway open and spied a human standing watch in front of a door. A tall young man who couldn't be older than twenty-five. He could overpower the human within seconds if he had to.

He'd nudged the door open a little wider when the doorbell chimed.

The human sighed and walked to the entrance door, turning his back to him. It was all the time he needed to exit the kitchen and advance silently into the corridor. Quickly, he dove into another room, which he identified as a laundry room by its smell even before he opened the door, and closed the door but for a sliver, so he could spy into the hallway from his hiding place. He was only a few steps away from the stairs that led to the upper floor. That's where he wanted to go to find Ursula's room and wait for her there. Eventually she would go there. All he had to do was wait.

"Hey Samson, Amaury!" the human greeted the two vampires who now entered the foyer.

He felt like growling but

zu finden und dort auf sie zu warten. Irgendwann würde sie dort auftauchen. Er würde nur geduldig warten müssen.

„Hey Samson, Amaury!", begrüßte der Sterbliche die beiden Vampire, die jetzt das Foyer betraten.

Er wollte missbilligend knurren, unterdrückte jedoch den Drang. Es kam ungelegen, dass der Chef von Scanguards und einer seiner hochrangigen Partner jetzt hier auftauchten. Es hielten sich bereits genug Vampire im Haus auf; es bedurfte nicht noch mehr. Es war schwierig genug, denen aus dem Weg zu gehen, die sich bereits im Haus befanden. Er musste achtgeben, dass er keinem zu nahe kam, sonst wären sie womöglich in der Lage, ihn zu riechen und würden herausfinden, dass er nicht hierher gehörte, selbst wenn er sich irgendwo versteckt hielt. Er hoffte, dass die Tatsache, dass es in der Waschküche nach Bleichmittel und Waschpulver roch, dabei half, seinen Vampirgeruch zu überdecken.

„Hey Blake!", antwortete Samson.

„Was macht ihr Kerle hier? Ich dachte, ihr passt auf Isabelle auf."

„Ich habe sie Zane gegeben."

„Na gut, wenn das so ist, wollt ihr hier aushelfen?"

Amaury lachte. „Ganz bestimmt nicht. Wir sind nur hier, um Nina und Delilah abzuholen."

Blake deutete mit dem Kopf zu der Tür, vor der er Wache gestanden hatte. „Sie sind noch immer dabei, die Kleider anzuprobieren. Ich befürchte, im Augenblick könnt ihr dort nicht rein."

suppressed the urge. The boss of Scanguards and one of his high-level partners showing up here was inconvenient. He didn't need any more vampires on the premises than there already were. It was hard enough to avoid the ones already in the house. He had to be careful not to get too close to any of them or they might be able to smell him and realize he didn't belong here, even if he was hidden somewhere. He hoped that the fact that he was hiding in a laundry room that smelled of bleach and laundry soap helped disguise his scent.

"Hey, Blake!" Samson replied.

"What are you guys doing here? I thought you were babysitting Isabelle."

"I left her with Zane."

"Well, in that case, wanna help out?"

Amaury laughed. "Not likely. We're just here to pick up Nina and Delilah."

Blake motioned his head to the door he'd been watching earlier. "They're still in there for the fitting. I'm afraid you can't go in there right now."

Just at that moment, the door opened. The scent drifted to him even before he saw her emerge. Ursula came running out of the room and nearly collided with Amaury's massive frame.

"I'm sorry. I didn't see you, Amaury," she apologized hastily, her voice thick with tears.

Im gleichen Moment öffnete sich die Tür. Der Geruch, der zu ihm trieb, bedeutete ihm sofort, wer heraustreten würde, noch bevor er sie sah: Ursula kam aus dem Raum gerannt und stieß fast mit dem hünenhaften Amaury zusammen.

„Entschuldige, Amaury, ich hab dich nicht gesehen", meinte sie hastig mit tränenerstickter Stimme.

„Ist was nicht in Ordnung?" Amaury legte seine Hand auf ihren Unterarm, als sie versuchte, sich an ihm vorbei in Richtung Treppe zu drücken.

Sie schüttelte ihren Kopf und entzog sich seines Griffs. „Es ist nichts!" Sie schniefte.

Blake machte ein paar Schritte in ihre Richtung. „Ist es wieder deine Mutter?"

Ursula nickte.

„Was ist los?", fragte Samson, während sein Blick zwischen den beiden Sterblichen hin- und herschoss.

Ursula wandte sich an ihn. „Ihr gefällt Olivers Geburtsdatum nicht!" Ein Schluchzen entriss sich ihrer Brust und sie wirbelte herum und lief die Treppe hinauf.

„Ach, Mist!", fluchte Blake.

„Sollte nicht einer von uns ihr folgen und sie beruhigen?", wunderte sich Amaury.

In seinem Versteck verengte er seine Augen. Nein, er wollte nicht, dass ihr jemand folgte, denn sie war gerade da, wo er sie haben wollte. Sie würde sich alleine in ihrem Zimmer aus irgendeinem Grund die Augen ausheulen. Sie würde ihn nicht einmal hören, wie er die Tür öffnete und hereinkam. Sie würde ihr Gesicht in ihrem Bett vergraben haben. Er hätte

"Something wrong?" Amaury wrapped his palm around her forearm when she tried to push past him and head for the stairs.

She shook her head and pulled herself free of his grip. "Nothing!" She sniffed.

Blake made a few steps toward her. "Is it your mother again?"

Ursula nodded.

"What's going on?" Samson asked, his eyes darting back and forth between the two humans.

Ursula turned back to them. "She doesn't like Oliver's date of birth!" A sob dislodged from her chest and she whirled around and ran up the stairs.

"Ah, crap!" Blake cursed.

"Shouldn't one of us go after her and calm her down?" Amaury wondered.

In his hiding place, he narrowed his eyes. No, he didn't want anybody to go after her, because she was just where he wanted her. She'd be in her room, alone, crying her eyes out for whatever reason. She wouldn't even hear him open the door and enter. She would be face-down on her bed. He hadn't thought it would be so easy.

Blake shook his head. "Just give her some time alone. Ursula and her mother have had a few blowouts like that. It'll pass."

When both vampires nodded in agreement, relief washed over him.

Perfect!

Now he only had to wait for

nicht gedacht, dass es so einfach sein würde.

Blake schüttelte den Kopf. „Lasst sie lieber alleine. Ursula und ihre Mutter hatten schon ein paar solcher Streits. Es wird sich wieder geben."

Als beide Vampire zustimmend nickten, fühlte er, wie sich Erleichterung in ihm ausbreitete. *Ausgezeichnet!*

Jetzt musste er nur noch darauf warten, bis die drei das Foyer verließen, damit er nach oben schleichen und sie sich schnappen konnte. Nur noch ein paar Minuten.

„Nun, wo ist Oliver?", fragte Samson.

„Er ist mit Wes unterwegs. Irgendetwas wegen der Blumen", antwortete Blake.

Samson und Amaury tauschten einen Blick aus. „Ausgezeichnet. Dann wird er uns nicht belauschen können."

„Worum geht es?", fragte der Sterbliche neugierig.

„Um das Hochzeitsgeschenk. Wir benötigen deine Hilfe." Amaury deutete zu der Tür direkt neben dem Eingang. „Lass uns ins Büro gehen."

Blake warf einen Blick zurück zu der Tür, die er bewacht hatte. „Aber ich soll doch aufpassen, dass keiner der Arbeiter dort hineingeht, während die Frauen die Brautjungfernkleider anprobieren."

„Es wird nur ein paar Minuten dauern", versicherte ihm Samson.

Kurze Zeit später verschwanden die drei im Büro und schlossen die Tür hinter sich.

Er grinste. Endlich wandte sich alles zum Guten. Er spähte in those three to leave the hallway and he would be able to walk upstairs and grab her. Only a few more minutes.

"So, where's Oliver?" Samson asked.

"He's out with Wes. Something about the flowers," Blake replied.

Samson and Amaury exchanged a look. "Excellent. Then he won't be able to overhear us."

"About what?" the human asked curiously.

"About the wedding present. We need your assistance." Amaury motioned to another door, the first one next to the entrance. "Let's go into the study."

Blake tossed a look back at the door he'd been guarding. "But I'm supposed to watch that none of the workers goes in there while the girls are still trying on the bridesmaid's dresses."

"It'll only take a couple of minutes," Samson assured him.

Moments later the three disappeared into the study and closed the door behind them.

He grinned. Finally, things were going his way. He looked up and down the corridor, then pushed the door open wide and approached the staircase, walking on tiptoes. Once he set his foot on the first step, he knew he was safe. The plush carpet on the stairs swallowed the sound of his footsteps as he ascended.

On the landing, he turned and

beide Richtungen des Flurs, dann drückte er die Tür weiter auf und näherte sich auf Zehenspitzen der Treppe. Als er seinen Fuß auf die erste Stufe setzte, wusste er, dass er sich in Sicherheit wiegen konnte: Der Plüschteppich auf der Treppe schluckte das Geräusch seiner Schritte, während er hinaufging.

Oben angekommen, wandte er sich um und inhalierte tief. Er konnte bereits das spezielle Blut der Bluthure riechen. Es brachte sein Zahnfleisch zum Jucken. Seine Reißzähne verlängerten sich schon in Erwartung auf den Festschmaus, den er im Begriff war, zu sich zu nehmen.

Er ging den Korridor entlang. Jeder Schritt brachte ihn seinem Ziel näher. Er erreichte die Tür und legte seine Hand auf den Türknauf.

„Ursula!", kam eine weibliche Stimme von der Treppe. Gleichzeitig hörte er jemanden die Stufen nach oben laufen.

Still fluchend wirbelte er seinen Kopf in Richtung Treppe, während seine Füße sich automatisch auf eine schnelle Flucht vorbereiteten. Er erhaschte einen Blick auf einen Hinterkopf und auf ein rotes Kleid. Schließlich sah er eine Frau. Sie hatte ihn noch nicht gesehen, aber das würde sie jeden Moment, wenn sie oben ankam und sich umdrehte.

Eine der Brautjungfern.

Doch keine der Sterblichen. Sie war eine Vampirin, wie ihre Aura erkennen ließ.

Innerlich kochend schlüpfte er in das nächste Zimmer und schloss die Tür lautlos hinter sich.

inhaled. He could smell the faint scent of the blood whore's special blood. It made his gums itch. His fangs descended in anticipation of the special treat he was about to enjoy.

He walked along the corridor, each step bringing him closer to his goal. He reached the door and put his hand on the doorknob.

"Ursula!" A female voice came from below. At the same time somebody came running up the stairs.

Cursing silently, his head snapped toward the sound as his feet automatically readied themselves for a quick escape. He caught a glimpse of the back of a head and a red dress as a woman came into view. She hadn't seen him yet, but she would in a second or two when she turned on the landing.

One of the bridesmaids.

But not one of the human ones. She was a vampire, as her aura indicated.

Fuming inside, he dove into the nearest room and closed the door silently behind him.

He could still hear her as she approached Ursula's room and knocked. "Ursula, honey, it's Vera. I calmed her down."

Then the door was opened.

His hands balled into fists while he tried to calm himself. There would be other opportunities like this one.

He just had to be patient.

Er konnte sie hören, wie sie sich Ursulas Zimmer näherte und anklopfte. „Ursula, Schätzchen. Ich bin's, Vera. Ich habe sie beruhigt."
Dann wurde die Tür geöffnet.
Seine Hände ballten sich zu Fäusten, während er versuchte, sich zu beruhigen. Es würde andere Gelegenheiten wie diese geben.
Er musste nur geduldig sein.
Aber heute Nacht waren eindeutig zu viele Vampire im Haus. Er würde verschwinden müssen, bevor ihn jemand erkannte und merkte, was er vorhatte.

But for tonight, there were entirely too many vampires in the house. He'd have to get out before anybody recognized him and realized what he was up to.

9

„Rot?" Oliver starrte Wes ungläubig an, als der Sterbliche das Auto vor Quinns Haus zum Stehen brachte. „Du hast die Ferkel rot gefärbt?"

Wes zuckte mit den Schultern. „Na ja, es war mein erster Versuch. Ich muss nur noch an dem Zaubertrank arbeiten. Ich bin mir sicher, das zweite Mal funktioniert alles wie am Schnürchen."

Oliver fing bereits an, seinen Kopf zu schütteln, bevor Wesleys letztes Wort heraus war. „Nein!"

„Ach, komm schon! Ich brauche nur ein paar Tropfen. Das ist alles!", bat Wes und warf ihm einen Dackelblick zu, der dazu gedacht war, ihn zu erweichen.

Aber Oliver ging nicht darauf ein. „Ohne mich! Offenbar funktioniert der Zaubertrank nicht. Ich werde nicht noch mehr meines kostbaren Blutes dafür vergeuden." Die einzige Person, die sein Blut bekommen würde, wäre Ursula. Es war ein Teil des Blutbundrituals, und es würde sie unsterblich machen, während sie dennoch ein Mensch und somit fruchtbar blieb. Sobald sie blutgebunden waren, konnte sie von ihm schwanger werden.

„Aber ich glaube wirklich, dass es beim zweiten Mal funktionieren wird. Ich muss nur die Dosierung richtig hinkriegen."

Oliver seufzte. „Wes, ich sag dir das ungern, aber glaubst du nicht,

"Red?" Oliver stared at Wes in disbelief as the human brought the car to a stop in front of Quinn's house. "You turned the piglets red?"

Wes shrugged. "Well, it was my first try. I just have to work on the spell. I'm sure the second time it'll work like a charm."

Oliver already started shaking his head before Wesley's last sentence was even out. "No!"

"Oh, come on! I just need a few drops. That's all!" Wes begged, casting him a puppy dog look meant to soften him up.

But Oliver didn't cave. "I said no! Clearly, whatever spell you're trying out isn't working. There's no need wasting any more of my precious blood on it." The only person who'd get his blood would be Ursula. It was part of the blood-bonding ritual, and it would make her immortal while she remained human—and fertile. Once they were bonded, she would be able to conceive his child.

"But I really think it's going to work the second time. I just have to get the dosage right."

Oliver sighed. "Wes, I hate to say this, but don't you think that maybe witchcraft isn't exactly your calling?"

Wesley slammed his flat palm

dass die Hexerei möglicherweise nichts für dich ist?"
Wesley schlug seine Handfläche gegen das Lenkrad. „Ich wurde als Hexer geboren! Und ich werde verdammt noch mal meine Hexenkräfte wieder zurückbekommen!"
„Was versuchst du dir denn zu beweisen? Such dir doch einfach etwas anderes, das dir wirklich liegt."
„Du redest dich so einfach! Haven ist ein Vampir und Kimberly ist eine großartige Schauspielerin. Und was bin ich? Bin ich der Bruder, der nichts aus sich machen kann? Verstehst du das nicht? Ich möchte jemand sein. Ich möchte etwas Nützliches tun."
Oliver schüttelte seinen Kopf, obwohl er Wes doch irgendwie gut verstand. „Aber du bist doch jemand. Du wirst als Bodyguard bei Scanguards ausgebildet. Ist das denn nichts?"
Wes drehte seinen Kopf weg und schaute durch das Seitenfenster hinaus in die Dunkelheit. „Und du weißt ebenso wie ich, wie ich diese Stelle bekommen habe. Weil ich dir in der Nacht, als du verwandelt wurdest, mein Blut angeboten habe. Samson hat sich verpflichtet gefühlt. Glaubst du wirklich, er hätte mir sonst die Ausbildung als Bodyguard angeboten, wenn ich ihn nicht praktisch erpresst hätte?"
„Willst du damit sagen, dass du jetzt Skrupel hast?"
Wes zuckte mit den Schultern. „Ich frage mich nur manchmal, was aus mir werden würde, wenn Hav und Scanguards nicht existieren würden. Weißt du?" Er sah Oliver flüchtig an. „Ich muss

against the steering wheel. "I was born a witch! And I'll be damned if I can't get that back!"
"What do you have to prove? Just find something else that you're good at."
"Easy for you to say! Haven is a vampire, and Kimberly is a great actress. And what am I? Am I the only sibling who can't make anything out of himself? Don't you understand? I want to be somebody. I want to do something useful."
Oliver shook his head, though in a way, he understood Wes all too well. "But you are somebody. You're training as a bodyguard with Scanguards. Isn't that something?"
Wes turned his head away and looked out the side window, staring into the dark. "And you know as well as I how I got that position. Because I offered my blood the night you were turned, Samson felt obligated. Do you think he would really have offered me to train as a bodyguard if I hadn't practically blackmailed him?"
"Are you telling me you're having scruples about that?"
Wes shrugged. "I just wonder sometimes about what would become of me if Hav and Scanguards didn't exist. You know." He glanced at Oliver. "I need to have something that's independent of it. Something that's just mine."
Slowly, Oliver nodded. "I get that. I do. But you can't force it."

etwas haben, das unabhängig davon ist. Etwas, das nur mir gehört."

Langsam nickte Oliver. „Das verstehe ich. Wirklich. Aber das kannst du nicht erzwingen." Er griff nach der Tür und drückte sie auf. „Es wird passieren. Du musst nur geduldig sein."

Dann stieg Oliver aus und ging zur Haustür. Als er sie erreichte, glaubte er, ein merkwürdiges Prickeln auf seiner Haut zu spüren, das seinen Nacken hochkroch. Er blieb stehen und atmete tief ein. Er nahm sowohl unbekannte als auch vertraute Gerüche wahr. Sogleich schüttelte er den Kopf, um die sonderbare Empfindung loszuwerden, zog seinen Schlüssel aus seiner Hosentasche und steckte ihn ins Schloss. Doch die Tür ging bereits auf: Sie war nicht verschlossen gewesen.

Vorsichtig trat er in das gut beleuchtete Innere. Stimmen trieben von der offenen Wohnzimmertür und der Küche im hinteren Teil des Hauses zu ihm. Möglicherweise hatte einer der Arbeiter die Tür offen gelassen, als er gegangen war. Er würde mit Quinn über Sicherheitsvorkehrungen während der Hochzeit sprechen müssen. Es war schon schlecht genug, dass so viele Arbeiter den ganzen Tag ein und aus gingen, doch zu wissen, dass sie unvorsichtig waren und Türen offenstehen ließen, sodass Fremde einfach hereinmarschieren konnten, war unentschuldbar.

Scanguards hatte erst vor kurzem die Gefahr, die von den Betreibern des Blut-Bordells und ihren Kunden ausging, in den Griff

He reached for the door handle and pushed the car door open. "It'll happen. Just be patient."

Then he exited and walked up to the entrance door. When he reached it, he felt a strange tingling sensation creep up his nape and stopped. He inhaled deeply, picking up many unfamiliar as well as familiar scents. Shaking his head to rid himself of the odd sensation, he pulled his key from his pocket and inserted it into the lock. The motion pushed the door inward. It hadn't been locked.

Cautiously, he stepped into the well-lit interior. Voices drifted to him from the open living room door and the kitchen in the back. Maybe one of the workers had left the door open when he'd left. He would have to speak to Quinn about security at the house during the wedding. It was bad enough that so many contractors marched in and out at all hours of the day, but to know that they were careless and left doors open so that anybody could just walk in off the street was inexcusable.

Just because the latest threats of the operators of the blood brothel and their customers, as well as the vampires who had special mind-control skills and had nearly crushed Scanguards a short while ago, were dealt with, didn't mean they had no enemies.

"Hey, Oliver. Glad I'm

bekommen, ebenso wie die Sache mit den Vampiren, die über spezielle Fähigkeiten der Gedankenkontrolle verfügten. Doch das bedeutete nicht, dass sie keine Feinde mehr hatten.

„Hey Oliver, gut, dass ich dich alleine treffe."

Er erblickte Maya, die durch die Wohnzimmertür kam und sich ihm näherte.

„Hey Maya." Er zeigte auf die Tasche in ihrer Hand, aus der ein rotes Kleid herausblitzte. „Sieht so aus, als habt ihr eure Brautjungfernkleider anprobiert. Schöne Farbe. Ich hatte keine Ahnung, dass sie rot sind."

Sie lächelte. „Hat irgendwas mit Glück im Chinesischen zu tun." Sie warf einen flüchtigen Blick über ihre Schulter. „Ich dachte, ich sollte es dich schnell wissen lassen: Ich habe kurz bei deinem zukünftigen Schwiegervater reingesehen. Es geht ihm gut. Ich habe die Blutprobe untersucht, und seine Ärzte haben recht. Es ist nur eine Anämie. Nichts, worüber wir uns Sorgen machen müssen. Ich habe ihm etwas gegeben, das ihm hilft, bis er wieder zu Hause ist."

„Da bin ich aber erleichtert. Dann müssen wir Ursula damit nicht belasten. Sie hat genug um die Ohren." Die letzten paar Tage war sie ihm etwas gestresst vorgekommen. Und es gefiel ihm nicht, dass sie so aussah, als wünschte sie sich, dass das alles endlich vorbei war.

„Ach, wegen dem."

„Wegen was?", fragte er besorgt.

„Ursula und ihre Mutter hatten heute Abend wieder mal einen Streit."

Er schob eine Hand durch sein catching you alone."

He looked up and saw Maya walk through the living room door and approach him.

"Hey, Maya." He pointed to the bag in her hand, a red dress peeking out of it. "I see you guys tried on your bridesmaid's dresses. Nice color. I had no idea they were red."

She smiled. "A Chinese good luck thing, I guess." She tossed a quick glance over her shoulder. "I just thought I'd let you know. I looked in on your future father-in-law. He's doing fine. I did a blood test, and his doctors are correct. It's just a bit of anemia. Nothing to worry about. I've given him some meds to tide him over until he's back home."

"That's a relief. At least that means we don't have to worry Ursula with it. She's stressed out enough." The last couple of days she'd seemed frazzled most of the time. And he didn't like that look on her, the look that said that she wanted all this to be over.

"Uh, about that."

"What?" he asked, instantly worried.

"Ursula and her mother had another blowout tonight."

He shoved a hand through his hair. "About what?"

"Your date of birth."

"What's my birthday got to do with the wedding?"

"Apparently everything. You have two fours in your date of birth."

Haar. „Wegen was?"
„Wegen deinem Geburtsdatum."
„Was hat mein Geburtsdatum mit der Hochzeit zu tun?"
„Anscheinend alles. Du hast zwei Vieren in deinem Geburtsdatum."
„Na und?"
„Bei den Chinesen bringt das Unglück."
„Verdammt noch mal! So ein abergläubischer Mist!"
„Selbstverständlich ist es ein Aberglaube, aber es ist auch nicht anders, als wenn wir Freitag den dreizehnten als Unglückstag ansehen. Leider hat die ganze Sache Ursula wirklich mitgenommen." Sie hob ihre Augen Richtung Decke.
„Ich kümmere mich darum. Danke, Maya." Er lief die Treppe hinauf und übersprang jeweils eine Stufe. Niemand hatte das Recht, der Frau, die er liebte, Kummer zu bereiten, nicht einmal seine zukünftige Schwiegermutter. Besonders nicht wegen so einer dummen Sache wie seinem Geburtstag.
Ohne anzuklopfen, betrat er das Gästezimmer. „Ursula!"
Sie war nicht allein. Vera hatte ihre Arme um sie geschlungen und strich ihr sanft übers Haar. Beide sahen auf, als die Tür hinter ihm ins Schloss fiel.
„Gerade rechtzeitig", sagte Vera ruhig und erhob sich vom Bett.
Sofort zog Oliver Ursula in seine Armen und rieb seine Hände über ihren Rücken. „Es tut mir so leid, Baby. Ich habe es gerade gehört. Sag mir, was ich tun kann." Er betrachtete ihre verweinten Augen, und sein Herz blutete für sie.

"So?"
"In Chinese that's bad luck."
"Damn it! Superstitious crap!"
"Well, of course it's superstition, but it's not any different than Westerners finding Friday the thirteenth unlucky. Unfortunately, it's really upset Ursula." Her eyes turned toward the ceiling.
"I'll take care of it. Thanks, Maya." He ran up the stairs, taking two steps at a time. Nobody had the right to upset the woman he loved, not even his soon-to-be mother-in-law. Particularly not over a stupid thing like a birthday.
Without knocking, he entered the guestroom. "Ursula!"
She wasn't alone. Vera had her arms wrapped around her and stroked her hand over her hair. Both looked up when the door fell shut behind him.
"Just in time," Vera said calmly and rose from the bed.
Immediately, Oliver pulled Ursula into his arms and rubbed his hands over her back. "I'm so sorry, baby. I just heard. Tell me, what can I do?" He looked at her tear-stained eyes, and his heart bled for her.
Before Ursula could answer, Vera replied, "I have an idea of how to fix this."
Oliver looked at her. "How? Last time I checked, nobody could change their birthday at will."
"Well, technically your

Bevor Ursula etwas sagen konnte, antwortete Vera: „Ich habe eine Idee, wie wir die Sache bereinigen könnten."

Oliver sah sie an. „Wie? Ich kann meinen Geburtstag nicht nach Belieben ändern."

„Na ja, genau genommen ist dein Geburtstag der Tag, an dem du in einen Vampir verwandelt wurdest. Und das war am 8. August, oder nicht? Und das heißt, du hast zwei Achten in deinem Geburtsdatum, und das bringt Glück."

„Ja, aber das können wir Ursulas Mutter nicht sagen, ohne ihr auch zu offenbaren, dass ich ein Vampir bin."

„Selbstverständlich nicht! Aber ich kann Gedankenkontrolle einsetzen, um sie glauben zu lassen, dass sie gehört hat, wie Rose ihr deinen Geburtstag als den 8. August anstelle des 4. April genannt hat."

Ursula entglitt seiner Umarmung und setzte sich zurück auf ihre Fersen. „Das ist keine Lösung! Wir können nicht ständig die Erinnerungen meiner Eltern löschen, wenn etwas geschieht, das sie nicht mögen."

„Aber das haben wir doch auch getan, nachdem du den Vampiren entkommen bist. Das mussten wir doch tun."

„Genau: Wir *mussten* es!", sagte Ursula bestimmt. „Aber dieses Mal *müssen* wir es nicht. Nur weil meine Mutter irgendeine verrückte Vorstellung über Numerologie hat, bedeutet das nicht, dass wir ihr Gedächtnis löschen müssen. Wir müssen vernünftig mit ihr reden."

Oliver verdrehte seine Augen. „Vernünftig mit deiner Mutter reden? Verlangst du da nicht ein

birthday is the day you were turned into a vampire, which I believe was August 8. And that means you have two 8's in your date of birth, and that's very good luck."

"Yes, but you can't exactly tell Ursula's mother that without telling her I'm a vampire."

"Of course not! But I can use mind control to make her think she heard August 8 instead of April 4 when Rose told her your birthday."

Ursula eased out of his embrace and sat back on her heels. "That's not a solution! We can't keep wiping my parents' memories when something happens that they don't like."

"But we did it after you escaped those vampires. We had to."

"Exactly. We had to!" Ursula said firmly. "But this time we don't. Just because my mother has some crazy-ass idea about numerology doesn't mean that we have to wipe her memory. We have to reason with her."

Oliver rolled his eyes. "Reason with your mother? Aren't you asking a little too much?"

Ursula braced her hands at her hips. "What are you saying?"

"I'm just saying that she's not likely to listen."

"You don't know her like I do!"

Oliver jumped up from the bed. "Well, I'm not the one who's crying and all upset, am I?"

bisschen zu viel?"

Ursula stemmte ihre Hände in ihre Hüften. „Was willst du damit sagen?"

„Ich sage nur, dass sie nicht auf uns hören wird."

„Du kennst sie nicht wie ich!"

Oliver sprang vom Bett hoch. „Ich bin aber auch nicht die Person, die darüber ganz verstört ist!"

„Ich kann nicht glauben, dass du so etwas sagst!"

Entsetzt wich Oliver zurück. Stritten sie sich gerade zum ersten Mal? Sie hatten sich noch nie zuvor gestritten. Für ein paar lange Augenblicke starrte er Ursula einfach nur an. Sie hielt seinem Blick stand, ohne zu blinzeln.

„Kein Wunder, dass ich Familienbesuche immer gehasst habe", meinte Vera ruhig. „Sie bringen immer das Schlechteste aus jedem Menschen heraus."

Oliver schoss Vera einen Blick zu, dann ließ er seinen Kopf fallen. „Es tut mir leid." Er hob seine Lider leicht an, um Ursula anzusehen, und setzte langsam einen Fuß vor den anderen, um sich ihr wieder zu nähern. „Er ist nur, ich hasse es, dich unglücklich zu sehen. Er tut mir weh. Hier." Er klopfte mit seiner Faust an sein Herz. „Ich kann es nicht ertragen, wenn ich dir nicht helfen kann."

Ursula legte ihre Arme um ihn, und er schmiegte sich in ihre Umarmung und lehnte seinen Kopf an ihre Brust, während er seine Arme um sie schlang.

„Es tut mir auch leid. Er ist nur alles so überwältigend. Jeden Tag läuft etwas anderes schief."

Er hob seinen Kopf. „Nichts

"I can't believe you said that!"

Shell-shocked, Oliver backed away. Were they just having their first fight? They'd never argued before. For several long moments, he simply stared at Ursula, who held his gaze without flinching.

"Well, no wonder I always dreaded family visits," Vera said calmly. "Brings the worst out in people."

Oliver shot Vera a look, then dropped his head. "I'm sorry." He raised his lids to look at Ursula, slowly placing one foot in front of the other to approach her again. "It's just, I hate seeing you unhappy. It hurts me. Here." He placed his fist over his heart. "I can't stand it when I can't help you."

Ursula reached her arms out to him, and he eased into her embrace, pressing his head against her chest and encircling her with his arms.

"I'm sorry too. It's just all so overwhelming. Every day there's something else that goes wrong."

He lifted his head. "Nothing else will go wrong, I promise you. Our wedding day will be the happiest day in our lives."

A smile formed around her lips. "Are you saying that after our wedding day we won't be as happy again?"

He chuckled. "That's not what I meant."

"What did you mean?"

"Want me to show you?"

wird mehr schiefgehen, das verspreche ich dir. Unser Hochzeitstag wird der glücklichste Tag unseres Lebens sein."

Ein Lächeln formte sich auf ihren Lippen. „Willst du damit sagen, dass wir nach unserem Hochzeitstag nie wieder so glücklich sein werden?"

Er schmunzelte. „Das meinte ich nicht so."

„Wie meintest du es dann?"

„Soll ich es dir demonstrieren?"

„Äh", räusperte sich Vera.

Verdammt, er hatte total vergessen, dass Vera noch im Raum war. Er grinste ihr spitzbübisch zu. „Danke Vera, dass du für Ursula da warst, als sie dich brauchte."

„Kein Problem."

„Was tun wir jetzt wegen deiner Mutter?", fragte Oliver.

„Nichts", sagte Ursula. „Meine Mutter bekommt sowieso schon alles, was sie sich wünscht: das Hochzeitskleid, die Brautjungfern, den Hochzeitstermin und die Dekoration! Aber bei dem Bräutigam werde ich keine Kompromisse eingehen."

Oliver grinste. „Das ist mein Mädchen!"

"Uhm," Vera's voice interrupted.

Darn, he'd forgotten that Vera was still in the room. He grinned at her sheepishly. "Thank you, Vera, for being there when Ursula needed you."

"No problem."

"What shall we do about your mother now?" Oliver asked.

"Nothing," Ursula said. "My mother is getting what she wants with everything else: the wedding dress, the bridesmaids, the wedding date, and the decorations! But I'm not going to compromise on the groom."

Oliver grinned. "That's my girl!"

10

Nach jeder Menge Tränen war Ursula mit ihrer Mutter einen Waffenstillstand eingegangen: Solange alles andere bei der Hochzeit so arrangiert wurde, dass es Olivers *unglückliches* Geburtsdatum kompensierte, wie ihre Mutter es nannte, würde sie darüber hinwegsehen und es nicht wieder erwähnen. Dies hieß, dass ihre Mutter jeglichen Glücksbringer einsetzen würde, den sie in der Hochzeitsdekoration unterbringen konnte, fast so, als ob sie glaubte, dass sie damit das Unglück abwehren konnte, das Olivers Geburtsdatum bringen würde.

Ursula hatte zugestimmt, da sie ihre Mutter nicht weiter vor den Kopf stoßen wollte. Schließlich war sie das einzige Kind ihrer Eltern, und dies würde die einzige Hochzeit sein, die ihre Mutter je ausrichten durfte.

Endlich war der Tag der Hochzeit da. In wenigen Stunden würde sie Oliver heiraten. Im Haus ging es bereits zu wie in einem Bienenschwarm, mit dem ganzen Küchenpersonal und den Kellnern.

Ihre Mutter war noch nicht zurück vom Friseur, und ihr Vater hatte sich entschieden, sich kurz hinzulegen, da er immer noch ein bisschen unter dem Zeitunterschied zwischen Washington D.C. und San Francisco litt.

Als sie ein sanftes Pochen an der

After much crying, Ursula had reached a truce with her mother. As long as everything else at the wedding was arranged so that it compensated for Oliver's *unfortunate* date of birth, as she called it, she would look past it and not mention it again. This meant that her mother would include every good luck charm she knew in the wedding decorations, almost as if she thought she could ward off the bad luck Oliver's date of birth brought.

Ursula had agreed, not wanting to alienate her mother any further. After all, she was her parents' only child, and this would be the only wedding her mother ever got to arrange.

Finally, the day had arrived. In a few hours, she would be married to Oliver. The house was already swarming with catering staff.

Her mother was still not back from the hairdresser, and her father had decided to take a short nap, claiming he hadn't yet adjusted to the time difference between Washington D.C. and San Francisco.

When she heard a soft rap on the door to her room, she instinctively knew who it was. Was she already feeling the

Tür zu ihrem Zimmer hörte, wusste sie instinktiv, wer es war. Bestand die besondere Verbindung bereits, die nur blutgebundene Paare hatten? Sie hätte schwören können, dass sie seine Anwesenheit im Haus von dem Moment an hatte spüren können, als er kurz nach Sonnenuntergang gekommen war.

„Herein", antwortete sie und wandte sich in Richtung Tür.

Oliver kam herein und schloss schnell die Tür hinter sich. „Hey!" Er trug noch Jeans und ein T-Shirt.

„Du solltest dich hier besser nicht erwischen lassen, oder meine Mutter wird ausflippen!"

Er lachte leise und zog sie in seine Arme. „Du hast dein Kleid doch noch nicht an, also zählt es, glaube ich, nicht."

Lächelnd legte sie ihre Arme um ihn und zog seinen Kopf zu sich. „Bekommt die Braut einen Kuss?"

„Da du so freundlich darum bittest", raunte er, legte seine Lippen auf ihre und nahm sie gefangen.

Als seine Zunge zwischen ihre Lippen glitt und begann, sie mit langen, sinnlichen Schlägen zu erforschen, seufzte sie zufrieden. Sie hatte ihn während der letzten Woche vermisst, obwohl sie ihn jeden Tag gesehen hatte. Aber es hatte nie einen Moment gegeben, in dem sie alleine mit ihm war. Immer war jemand da gewesen.

Olivers Hände streiften über ihren Körper und seine Finger streichelten sie genauso wie seine Zunge. Wärme und Begierde erfüllten sie und rauschten durch ihren Körper wie eine Sturzflut. Ihr gesamter Körper prickelte angenehm, und die Stelle zwischen

special connection that only blood-bonded couples had? She swore she could sense his presence in the house from the moment he'd entered shortly after sunset.

"Come in."

Oliver slid inside, quickly closing the door behind him. "Hey!" He was still wearing jeans and a T-shirt.

"You'd better not get caught in here or my mother will have a fit!"

He chuckled and pulled her into his arms. "You're not wearing your dress yet, so I think it doesn't count."

Smiling, she wrapped her arms around him and pulled his head to her. "Does the bride get a kiss?"

"Since you're asking so nicely," he murmured, sliding his lips over hers and capturing them.

When his tongue slipped between her lips and started to explore her with long and sensual strokes, she sighed contentedly. She'd missed him during this week, even though she'd seen him every day. But there'd never been a moment for them to be alone. Somebody had always been there.

Oliver's hands roamed her body, his fingers caressing her just like his tongue did. Warmth and desire filled her, rushing through her body like a flashflood. Her entire body tingled pleasantly, and the place

ihren Beinen summte und sehnte sich nach einer Berührung. *Seiner* Berührung. Seinem Kuss. Sie hatte nie geglaubt, dass Liebe so sein konnte: verzehrend, leidenschaftlich, und dennoch tröstend und sicher. Und sie fühlte sich sicher mit einem Vampir, mit demselben Geschöpf, das sie einmal so gefürchtet hatte. Oliver hatte sie all die Angst vergessen lassen und ihr gezeigt, dass sogar ein Vampir lieben konnte.

Sie fühlte jetzt seine Liebe, die hell und beständig brannte. Mit jeder Berührung und jedem Kuss fühlte sie sie. Und heute Nacht nach der Zeremonie würde sie sie in seinem Biss spüren. Sein liebevoller Biss würde sie sanft und lautlos für immer zu seiner machen. Er würde ihr Unsterblichkeit schenken, ohne sie ihrer Menschlichkeit zu berauben. Er würde sich selbst verletzbar machen, denn sobald sie blutgebunden waren, würde Oliver sich nur noch von ihr ernähren können. Sein Körper würde jedes andere Blut abweisen. Es würde ihn sogar krank machen, wenn er Blut trank, das nicht von ihr kam.

Wenn ein Vampir einen Blutbund mit einem Menschen einging, bedurfte es des höchsten Vertrauens. Und genau dieses Vertrauen spürte sie zwischen ihnen.

Als Oliver schließlich den Kuss beendete, atmete sie schwer.

„Wir müssen aufhören, Baby, oder es wird keine Hochzeit geben, weil ich dich an mein Bett fesseln und dich nie wieder gehen lassen würde."

Sie kicherte. „Wäre das so

between her legs hummed, yearning for a touch. His touch. His kiss. She'd never believed that love could be like this: all consuming, passionate, while at the same time comforting and safe. Yet she felt safe, safe with a vampire, the very creature she had once feared. Oliver had made her forget all her fears and shown her that even a vampire could love.

She felt his love now. It burned brightly and steadily. With every touch and every kiss, she felt it. And tonight, after the ceremony, she would feel it in his bite. His loving bite, how lovingly and silently he would make her his forever. How he would bestow immortality on her without robbing her of her humanity. How he would make himself vulnerable because once they blood-bonded, Oliver could only feed off her. His body would reject all other blood. In fact, it would make him violently ill if he ever drank blood other than hers.

For a vampire to bond himself to a human required ultimate trust. She felt that trust between them.

When he finally severed the kiss, she breathed heavily.

"We've gotta stop, baby, or there won't be a wedding, because I'll tie you to my bed and won't let you go."

She chuckled. "Would that be so bad?"

schlecht?"

Er schüttelte seinen Kopf und wedelte spielerisch mit seinem Finger. „Und mich des Anblicks berauben, dich in deinem schönen weißen Kleid zum Altar schreiten zu sehen, während – "

„Weißen Kleid?", unterbrach sie ihn.

Er wich ein wenig zurück und seine Augenbrauen schnappten zusammen. „Ja, natürlich."

„Oliver, ich werde kein weißes Kleid tragen. Mein Kleid ist rot. Weiß bringt Unglück bei einer chinesischen Hochzeit. Rot bringt Glück."

Sie bemerkte, wie Olivers Gesichtsausdruck sich veränderte. „Oh-oh!"

Beklommenheit stieg in ihr hoch. „Was?"

„Du sagst, dass Weiß Unglück bringt? Gilt das auch für weiße Blumen? Wir können doch weiße Blumen haben, oder?", fragte er und verzog sein Gesicht.

Ihr Magen rutschte in ihre Knie. „Weiße Blumen? Oh, bitte sag nicht, du hast weiße Blumen für die Hochzeit bestellt." Sie sah ihn flehend an.

„Ich wusste es doch nicht! Ich schwöre, ich hatte keine Ahnung", beharrte er.

Ursula bedeckte ihr Gesicht mit ihren Händen. „Oh nein! Das darf nicht wahr sein!" Sie schniefte und versuchte, die aufsteigenden Tränen zu unterdrücken. „Ich hätte dir nie auftragen sollen, dich um die Blumen zu kümmern! Ich hätte es selbst machen sollen. Meine Mutter wird so wütend sein!"

„Baby, ich regele es!"

Sie senkte ihre Hände. „Das kannst du nicht einfach regeln! Du

He shook his head and wagged his finger playfully. "And deprive myself of seeing you walk down the aisle in your beautiful white dress while—"

"White dress?" she interrupted him.

He pulled back a little, his eyebrows snapping together. "Yes, of course."

"Oliver, I won't be wearing a white dress. My dress is red. White is bad luck at a Chinese wedding. Red is good luck."

She watched as Oliver's facial expression changed to one of dismay. "Uh-oh!"

Trepidation rose in her. "What?"

"You said white is bad? How about white flowers? We can have white flowers, right?" he asked, grimacing.

Her stomach plummeted. "White flowers? Oh, please don't tell me you got white flowers for the wedding." She searched his face.

"I didn't know! I swear I had no idea," he insisted.

Ursula covered her face with her hands. "Oh no! This is not happening!" She sniffed, trying to push back the rising tears. "I should never have told you to take care of the flowers! I should have done it myself. Oh my God, my mother is going to be livid!"

"Baby, I'll fix it!"

She lowered her hands. "You can't fix that! You'll never get that many red flowers now! It's only a few hours till the

wirst so kurzfristig nie so viele rote Blumen bekommen! Es sind nur noch wenige Stunden bis zur Zeremonie. Wenn es überhaupt eine Zeremonie geben wird! Sobald meine Mutter die Blumen sieht, wird sie die ganze Sache abblasen wollen!"

Oliver nahm sie bei den Schultern und zwang sie, ihn anzusehen. „Ich regele es. Was auch immer es kostet! Aber diese Hochzeit wird heute Abend stattfinden, so oder so! Ich werde die weißen Blumen verschwinden lassen. Ich verspreche es dir. Wenn du das Zelt in ein paar Stunden betrittst, werden die Blumen rot sein. Bitte vertrau mir!"

Der Blick, den er ihr gab, war durchdringend. Für ein paar lange Sekunden starrte sie ihn einfach an. Welche Wahl hatte sie denn schon? Sie musste ihm vertrauen, dass er das alles in Ordnung bringen konnte. Schweigend nickte sie.

Er drückte einen schnellen Kuss auf ihre Lippen und verließ das Zimmer.

~ ~ ~

Oliver lief die Treppe hinunter. Scheiße! Er hatte die Sache verbockt. Er konnte sich nicht erinnern, ob Ursula ihm irgendetwas darüber gesagt hatte, dass er keine weißen Blumen besorgen sollte, oder ob sie einfach angenommen hatte, dass er das wusste. Das war auch jetzt nicht von Bedeutung. Er durfte keine Zeit damit vergeuden, sich oder irgendjemand anderem

ceremony. If there'll even be a ceremony! Once my mother sees the flowers, she'll insist we call the whole thing off!"

Oliver cupped her shoulders, forcing her to look at him. "I'll fix it. Whatever it takes! But this wedding will happen tonight, one way or another! I'll get rid of the white flowers. I promise you. When you walk into that tent in a few hours, the flowers will be red. Please trust me!"

The look which he gave her was penetrating. For long seconds, she simply stared back at him. What choice did she have? She had to trust him to make this right. Silently she nodded.

He pressed a quick kiss to her lips and left the room.

~ ~ ~

Oliver raced down the stairs. Shit! He'd screwed up. He couldn't remember if Ursula had ever told him about not getting white flowers, or whether she'd simply assumed he knew. It didn't matter now. There was no need wasting time by blaming somebody. What was done was done. And now he had to undo it. Swiftly, and without her parents, particularly her mother, noticing.

At the foot of the stairs, he nearly collided with Cain, one of his colleagues. The vampire with the permanent stubble looked as

Vorwürfe zu machen. Was geschehen war, war geschehen. Jetzt musste er die Sache bereinigen. Schnell und ohne dass ihre Eltern, vor allem ihre Mutter, davon erfuhren.

Am Fuße der Treppe stieß er fast mit Cain, einem seiner Kollegen, zusammen. Der Vampir mit dem Drei-Tage-Bart sah aus, als ob er in einem Smoking geboren worden war. Oliver hatte den Bodyguard bisher immer nur in Straßenkleidung gesehen und hatte keine Ahnung gehabt, wie gut dieser in eleganten Anzügen aussah.

„Cain, hey!", begrüßte er ihn.

Cain blickte flüchtig an ihm vorbei die Treppe hinauf und schmunzelte. „Ein heimlicher Besuch bei der Braut?"

Oliver seufzte. „Zum Glück. Ist ihre Mutter schon vom Friseur zurückgekommen?"

„Habe sie noch nicht gesehen." Er deutete auf den Bodyguard, der an der Haustür stand. „Bob ist schon seit einer Stunde hier, so wie du es wolltest. Einer meiner anderen Männer bewacht den Seiteneingang. Das Cateringpersonal benutzt den Seiteneingang und die Gäste den Haupteingang."

Oliver nickte anerkennend. „Danke, dass du dich darum kümmerst. Da fühle ich mich etwas beruhigter." Ein flüchtiger Blick auf den Bodyguard, den Cain Bob genannt hatte, bedeutete ihm, dass der Mann ein Vampir war. Er neigte sich zu Cain und senkte seine Stimme zu einem Flüstern. „Und der Kerl am Seiteneingang. Ist er auch ein Vampir?"

if he'd been born in a tuxedo. Before tonight, he'd only ever seen his fellow bodyguard in street clothes and had no idea how well he wore formalwear.

"Cain, hey!" he greeted him.

Cain glanced at him then the stairs and smirked. "Snuck in a visit to the bride?"

Oliver sighed. "Just as well that I did. Has her mother come back from the hairdresser yet?"

"Haven't seen her." He motioned to the guard who stood at the entrance door. "Bob's been here for the last hour, just like you requested. I've got another one of my men at the side entrance. The catering staff will use the side entrance and the guests the main entrance."

Oliver nodded approvingly. "Thanks for taking care of that. It makes me feel better." A glance at the bodyguard whom Cain had called Bob told him that the man was a vampire. He leaned closer to Cain and dropped his voice to a low whisper. "And the guy at the tradesmen entrance. Is he a vampire too?"

His colleague nodded.

"Good. I need somebody to watch that Ursula's parents don't enter the tent."

"Something wrong?"

"You could say that."

Cain tilted his head toward the door to the living room. "Thomas and Eddie just arrived. Maybe they can watch the entrance to the tent. I would do it

Sein Kollege nickte.

„Gut. Ich brauche jemanden, der aufpasst, dass Ursulas Eltern das Zelt nicht betreten."

„Stimmt was nicht?"

„Das könnte man so sagen."

Cain neigte seinen Kopf in Richtung Wohnzimmertür. „Thomas und Eddie sind schon da. Sie können vielleicht den Eingang zum Zelt bewachen. Ich würde es selbst tun, aber ich muss noch eine Runde drehen."

„Ich frag sie."

Ohne Zeit zu verlieren, marschierte Oliver ins Wohnzimmer. Thomas und Eddie standen neben dem Kamin und unterhielten sich leise, doch Oliver konnte sie dank seines überlegenen Vampirgehörs hören. Seine Vampirkollegen waren beide blond, aber sie sahen heute Abend ganz anders aus als gewöhnlich: Sie hatten ihre üblichen Ledermotorradklamotten gegen elegante schwarze Smokings ausgetauscht und sahen wie begehrte Junggesellen aus einer Fernsehshow aus. Nur, dass sie keine Junggesellen waren. Tatsächlich waren sie beide verheiratet – miteinander.

„Thomas, Eddie!", rief Oliver ihnen zu und unterbrach damit ihr intimes Gespräch. Die beiden Turteltauben waren noch nicht lange blutgebunden und so wie es aussah, waren sie noch mitten in den Flitterwochen.

„Oliver, der Mann der Stunde", antwortete Thomas mit einem Lächeln.

„Willst du so heiraten?", fragte Eddie und schüttelte den Kopf.

„Natürlich nicht. Aber ich myself, but I still have to do a sweep of the perimeter."

"I'll ask them."

Not losing a second, Oliver marched into the living room. Thomas and Eddie stood near the fireplace, talking in low voices, though he could hear what they were saying thanks to his superior vampire hearing. His vampire colleagues were both blond, but they looked very different tonight. They had exchanged their usual leather biker uniform for elegant black tuxedos and looked like eligible bachelors from a TV show. Only, the two weren't single. In fact, they were married—to each other.

"Thomas, Eddie!" Oliver called out to them, interrupting their—very intimate— conversation. The two lovebirds had only gotten together a short while earlier and by the looks of it were still in their honeymoon phase.

"Oliver, the man of the hour," Thomas replied with a smile.

"Is this how you're getting married?" Eddie asked, shaking his head.

"'Course not. But I need your help right now. Can you guard the tent for me?"

Thomas raised his eyebrows. "You think somebody's gonna walk off with it?"

Ignoring his joke, Oliver said, "Just guard the entrance and make sure that neither Ursula's

brauche mal schnell eure Hilfe. Könnt ihr das Zelt für mich bewachen?"

Thomas zog seine Augenbrauen hoch. „Meinst du, dass es jemand davontragen wird?"

Oliver ignorierte seinen Scherz und sagte nur: „Bewacht einfach den Eingang und sorgt dafür, dass weder Ursulas Eltern noch irgendwelche Sterblichen das Zelt betreten."

„Sicher, können wir machen. Aber warum willst du nicht, dass sie in das Zelt gehen?"

„Weil die Blumen weiß sind und eigentlich rot sein müssen. Sonst bringt das Unglück."

Eddie zuckte mit den Schultern. „Okay, das macht zwar gar keinen Sinn, aber wenn du es wünschst, dann machen wir das schon, oder?" Er betrachtete seinen Partner. Dieser nickte.

„Danke!" Erleichtert eilte Oliver aus dem Raum und ging in die Küche. Einige Mitglieder des Küchenpersonals arbeiteten fieberhaft an der Zubereitung der Speisen. Aber die Person, die er suchte, war nicht im Raum. Er verließ die Küche, zog sein Handy aus der Tasche und wählte eine Nummer.

„Ja?", antwortete Wesley sogleich.

„Du musst mir einen Gefallen tun. Kannst du gleich zum Haus kommen?" Oliver ging den Korridor entlang, als sich die Tür, die zum Keller und zur Garage führte, öffnete.

„Ich bin schon da." Wes trat durch die Tür in den Flur. Hinter ihm erschienen Haven und einen Moment später Blake.

„Du bist noch nicht

parents nor any of the other humans enter the tent."

"Sure, we can do that. But why don't you want them to enter the tent?"

"Because the flowers are white, and they need to be red. Or it's bad luck."

Eddie shrugged. "Okay, that makes no sense, but if you want us there, we'll do it, right?" He looked at his partner, who nodded.

"Thanks guys!" Relieved, Oliver rushed out of the room and into the kitchen. Several members of the catering staff were feverishly working on preparing food. But the person he was looking for wasn't in the room. Leaving the kitchen, he pulled out his cell and dialed a number.

"Yeah?" Wesley replied.

"I need you to do me a favor. Can you come to the house right now?" Oliver walked along the corridor when the door to the basement and garage opened.

"I'm already here." Wes stepped through the door. Behind him, Haven appeared, and a moment later, Blake.

"You're not dressed yet?" Blake asked. "The guests will start arriving soon."

"What were you guys doing down there?" Oliver asked, ignoring Blake's question. It would take him all of five minutes to get dressed.

Wes gave a noncommittal grunt and brushed some dust

angezogen?", fragte Blake. „Die Gäste kommen schon."

„Was habt ihr da unten gemacht?", fragte Oliver und ignorierte Blakes Frage. Er würde nur ganze fünf Minuten brauchen, um sich umzuziehen.

Wes gab ein unverbindliches Grunzen von sich und bürstete etwas Staub vom Ärmel seines Smokings. „Nichts. Was gibt's?"

„Es gibt ein Problem mit den Blumen."

„Was für ein Problem?", fragte Wes. „Sie sahen toll aus, als sie heute Morgen geliefert wurden. Ich habe mich selbst davon überzeugt. Hey, wenn jemand danach was vermurkst hat, ist das nicht meine Schuld! Außerdem habe ich dir einen Gefallen getan!"

Oliver ergriff seinen Freund bei der Schulter. „Hey! Ich sag ja nichts. Es ist nicht deine Schuld. Es ist meine. Die Blumen haben die falsche Farbe. Wir dürfen keine weißen Blumen bei der Hochzeit haben. Das bringt Unglück. Sie müssen rot sein."

Wes warf ihm einen *Das-ist-nicht-mein-Problem*-Blick zu. „Du schaffst das nie, so kurzfristig von einem Floristen so viele rote Blumenarrangements liefern zu lassen. Selbst wenn du mehrere Floristen beauftragst, hätten die nicht genug Blumen, um die anderen zu ersetzen."

„Da muss ich Wes zum ersten Mal recht geben", fügte Haven hinzu.

Wes funkelte seinen Bruder an. „Ich habe gesagt, dass es mir leid tut! O.K.? Ich kümmere mich nach der Hochzeit um die Hunde."

„Du meinst die Schweine, from the sleeve of his tuxedo. "Nothing. What's up?"

"There's a problem with the flowers."

"What problem?" Wes asked. "They looked perfect when they came this morning. I made sure of it. Hey, if they screwed something up after that, it's not my fault! Besides, I was doing you a favor!"

Oliver grabbed his friend by the shoulder. "Hey! I'm not blaming you. It's not your fault. It's mine. They're the wrong color. We can't have white flowers at the wedding. It's bad luck. I need them to be red."

Wes tossed him a not-my-problem-look. "There's no way you can get a florist to supply that many red flower arrangements in the short time we've got left. Even if you went to several florists, they wouldn't have enough to replace all the current ones."

"For once, Wes is right," Haven added.

Wes glared at his brother. "I said I'm sorry! Okay? I'll deal with the dogs after the wedding."

"You mean the pigs?" Blake threw in, chuckling.

Wes whirled around to Blake. "You're not helping!"

"Stop it!" Oliver ground out. "That's not important now. What's important is that Wesley turned the pigs red." And that unfortunate incident would now provide the solution to his

oder?", warf Blake ein und kicherte.

Wes wirbelte zu Blake herum. „Du hilfst mit deinem Geschwätz auch nicht!"

„Hört auf!", befahl Oliver. „Das ist jetzt nicht wichtig. Wichtig ist, dass Wesley die Schweine rot gefärbt hat." Und dieser unglückliche Vorfall würde jetzt die Lösung zu seinem Problem liefern.

Haven machte seine Fliege locker. „Da stimmen wir ja zumindest darin überein, dass mein kleiner Bruder nicht mit Hexensachen herumspielen soll." Er warf Wes einen flüchtigen Seitenblick zu.

„Eines Tages wirst du deine Ansicht darüber ändern", warnte Wes.

„Ruhe!", schrie Oliver und schließlich verstummten alle drei und starrten ihn an, als ob er den Verstand verloren hätte. Vielleicht hatte er das auch. „Wes, ich brauche deine Hilfe. Du musst die Blumen im Zelt rot färben. Jetzt. Bevor Ursulas Eltern sie sehen."

„Wie?"

„So wie du die Schweine rot gefärbt hast. Benutze den gleichen Zaubertrank!"

Ein breites Grinsen breitete sich auf Wesleys Gesicht aus. „Heißt das, du wirst ein bisschen Blut spenden?"

„Nur für diesen Zaubertrank", gestand Oliver ihm zu.

Wesley griff in die Innentasche seines Smokings und zog ein Glasröhrchen heraus.

„Trägst du immer eine Phiole mit dir herum?", fragte Blake.

Wesley zwinkerte ihm zu. „Erste Regel eines Bodyguards: Sei problem.

Haven loosened his bow tie. "Well, at least somebody agrees that my little brother has no business practicing witchcraft." He tossed a sideways glance at Wes.

"One of these days you're going to change your opinion on that," Wes warned.

"Quiet!" Oliver shouted, and at last all three fell silent and stared at him as if he'd finally lost it. Maybe he had. "Wes, I need your help. You have to turn the flowers in the tent red. Now. Before Ursula's parents see them."

"How?"

"You turned the pigs red. Use the same spell!"

A wide grin spread over Wesley's face. "Does that mean you're going to donate a little more of your blood?"

"Just for this one spell," Oliver conceded.

Wesley dug into his inside pocket and pulled out a glass vial.

"You always carry a vial around with you?" Blake asked.

Wesley winked at him. "First rule of a bodyguard: you've always gotta be prepared."

Haven rolled his eyes. "More like first rule of an opportunist."

Wes shrugged. "I need a few things from your pantry too. And a few minutes to mix the potion. Preferably where nobody can walk in on us."

"The gym downstairs," Oliver

immer auf alles vorbereitet!"

Haven verdrehte seine Augen. „Eher die erste Regel eines Opportunisten."

Wes zuckte mit den Achseln. „Ich brauche ein paar Sachen aus der Speisekammer. Und ein paar Minuten, um den Trank zu mischen. Vorzugsweise irgendwo, wo niemand uns beobachten kann."

„Unten im Sportraum", schlug Oliver vor.

Sofort schüttelten alle drei die Köpfe.

„Wie wär's mit der Waschküche?", schlug Haven stattdessen vor.

„Das passt."

Es dauerte fünfzehn Minuten, nachdem Oliver etwas Blut *gespendet* hatte, und Wesleys Trank war fertig. Oliver vergewisserte sich, dass Thomas und Eddie an ihren Plätzen waren und aufpassten, dass niemand das Zelt betrat, während Haven im Zelt den Gehweg zum Seiteneingang blockierte, damit die Kellner während des Zaubers nicht stören konnten. Blake dagegen stand vor der Küchentür, damit das Küchenpersonal nicht ins Zelt lugen konnte.

„Also mach mal", sagte Oliver und deutete mit seinen Armen in Richtung der weißen Blumen, die auf den Tischen standen und das Podium und die Zeltstangen schmückten.

Tische und Stühle für über hundert Gäste befanden sich im Zelt. Während die Tischdecken weiß waren, trugen die weißen Stuhlhussen rote Schleifen. Und die Servietten waren ebenfalls rot.

suggested.

Instantly, all three shook their heads.

"How about in the laundry room?" Haven suggested instead.

"That'll work."

It took fifteen minutes after Oliver had *donated* some blood before Wesley's potion was ready for use. Making sure Thomas and Eddie were at their places to watch that nobody entered the tent, Haven stood inside the tent, blocking the walkway to the tradesmen entrance so none of the catering staff would disturb them during the spell, while Blake blocked the kitchen door so none of the waiters or kitchen staff could look into the tent from there.

"Do your thing," Oliver said, waving his arms at the white flower arrangements that stood on the tables and decorated the podium as well as the rods that held the tent up.

There were tables and chairs for over a hundred guests in the tent. While the tablecloths were white, the white covers for the chairs sported red bows. And the napkins were equally red. He had to admit he liked the rich color. It reminded him of Ursula's blood.

"Step back," Wesley warned and walked into the middle of the tent.

Oliver heard him mumble something incoherent—

Oliver musste zugeben, dass ihm diese satte Farbe gefiel. Sie erinnerte ihn an Ursulas Blut.

„Tretet zurück", warnte Wesley und schritt in die Mitte des Zeltes.

Oliver hörte Wes zusammenhanglose Worte murmeln, bevor er das Glasröhrchen mit dem Trank auf den Boden warf.

Instinktiv wich Oliver einen weiteren Schritt zurück, als roter Rauch von der zerschmetterten Glasphiole hochstieg. Als dieser in der Luft herumwirbelte, färbte sich Blume für Blume rot. Aber die Blumen waren nicht die einzigen Sachen, die die magische Farbe annahmen: Die Tischdecken und die Sitzbezüge wurden auch rot.

Oliver zuckte mit den Achseln. Das konnte nicht schaden.

Wesley wandte sich zu ihm und lächelte breit.

Neben Oliver pfiff Haven durch die Zähne. Dann nahm er ein paar Schritte in Richtung seines Bruders, umarmte ihn und klopfte ihm auf die Schulter. „Das hast du gut gemacht, Wes! Ich bin stolz auf dich."

Wenn Oliver nicht seine außergewöhnliche Vampirsehkraft gehabt hätte, wäre ihm der feuchte Film entgangen, der sich in Wesleys Augen bildete – die Reaktion auf das Kompliment seines großen Bruders.

Endlich hatte Wesley etwas erreicht, das ihm die Anerkennung seines Bruders eingebracht hatte. Vielleicht war es doch nicht so schlimm gewesen, dass Oliver mit den Blumen Mist gebaut hatte.

Oliver lächelte. Jetzt konnte nichts mehr schiefgehen.

presumably the spell—before he tossed the vial with the potion on the ground.

Instinctively Oliver took another step back when red smoke rose from the broken glass vial. As it swirled around, one by one the flowers turned red. But the flowers weren't the only things that took on the magical color: the tablecloths and chair covers also turned red.

Oliver shrugged. It couldn't hurt.

Wesley turned around to him, smiling broadly.

Next to Oliver, Haven hissed in a breath. Then he took a few steps toward his brother, hugged him roughly, and slapped him on the shoulder. "You did well, Wes! I'm proud of you."

If Oliver didn't have enhanced vampire vision, he would have missed the wet sheen that built in Wesley's eyes as a reaction to his big brother's compliment.

Finally Wesley had achieved something to win the approval of his brother. Maybe screwing up on the flowers hadn't been so bad after all.

Oliver smiled. Nothing else could go wrong now.

11

Fast zwei Stunden lang hatte er das Eintreffen der Gäste beobachtet. Niemand bemerkte ihn, wie er im Schatten einer Hecke auf der gegenüberliegenden Straßenseite stand. Sie waren zu sehr damit beschäftigt, in ihrer eleganten Kleidung herumzustolzieren. Mehr Menschen als Vampire waren zu diesem Ereignis eingeladen, viele davon Chinesen. Offenbar hatte die Braut eine große Familie. Trotzdem schien keiner ihrer Verwandten dieselbe Art von Blut zu haben wie Ursula. Sogar von der anderen Straßenseite aus hätte er das riechen können, so sehr hatte er sich auf ihr Blut eingestellt.

Junge Männer parkten die Autos der Gäste in den Seitenstraßen, und ein Vampir-Bodyguard stand an der Eingangstür und überprüfte die Einladungen. Ein zweiter Vampir-Bodyguard stand am Seiteneingang, durch den das Service-Personal, die Kellner und die Küchencrew, das Gebäude betraten.

Er hatte sich passend angezogen. In seinem schwarzen Smoking würde er sich unter die Gäste mischen können, so als ob er dazu gehörte. Nur die Vampire im Haus würden wissen, dass das nicht der Fall war. Aber bald würden sie alle im Zelt hinter dem Haus sein, und der Einzige, um den er sich kümmern müsste, wäre der, der die

For almost two hours he'd watched all the guests arrive. Nobody noticed him standing in the shadow of a hedge on the other side of the street. They were too busy parading in their fancy clothes. More humans than vampires arrived for the event, many of the humans Chinese. Clearly, the bride had a large extended family, though none of her relatives seemed to carry the special blood. Even from across the street he would have been able to smell it, so attuned was he to it.

Human valets were parking the guests' cars, and a vampire guard at the entrance door checked the invitations. Another vampire guard stood at the tradesmen entrance through which the service personnel, the waiters and kitchen staff, entered.

He'd dressed appropriately. In his black tuxedo he would blend in with the guests as if he belonged there. Only the vampires on the premises would know he didn't. But soon they would all be in the tent at the back of the house, and the only one he'd have to deal with was the one guarding the entrance door.

The house was lit like a

Eingangstür bewachte.

Das Haus war beleuchtet wie ein Weihnachtsbaum. Das machte es ihm einfach, genau zu beobachten, was alles vor sich ging. Als das Wohnzimmer sich zu leeren begann, wusste er, dass die Gäste ihre Plätze im Zelt einnahmen. Es könnte jetzt nicht mehr lange dauern.

Er hob seinen Blick zum obersten Stock hinauf. In einem der Räume würde Ursula warten, alleine, während alle anderen im Zelt wären.

Es war an der Zeit.

Ruhig überkreuzte er die Straße und ging zur Haustür hoch, außerhalb des Blickfeldes des Vampirs, der den Seiteneingang bewachte. Die Tür zum Haus war offen, doch der Vampir-Bodyguard stand davor. Der Kerl kannte ihn nicht, und das war sein Vorteil.

Er warf ihm ein nettes Lächeln zu. „Ich hoffe, ich bin nicht zu spät dran."

Der Vampir deutete ins Innere. „Es wird in ein paar Minuten losgehen." Dann nickte er ihm zu. „Ihr Name und Ihre Einladung, bitte."

„Michael Valentine", antwortete er und griff in seine Jackentasche. „Ja, und hier ist meine Einladung."

Mit einer einzigen, ruckartigen Bewegung zog er einen Pflock aus seiner Innentasche und stieß ihn in das Herz des Bodyguards, bevor der Mann überhaupt reagieren konnte.

Der Vampir zerfiel zu Staub. Michael drehte sich um, um sich zu vergewissern, dass der Vampir, der die Seitentür bewachte, nichts Verdächtiges gehört hatte. Kein

Christmas tree. It made it easy for him to watch the goings-on. When the living room started to empty out, he knew that the guests were taking their places in the tent. It couldn't be much longer now.

He lifted his eyes to the upper floor. In one of the rooms, Ursula would be waiting, alone, while everybody else would be in the tent.

It was time.

Calmly, he crossed the street and walked up to the entrance door, out of sight of the vampire guarding the side entrance. The door to the house was open, but blocking it was a vampire guard. The guy didn't know him, and that was his advantage.

He flashed a charming smile at the guard. "I hope I'm not late."

The vampire motioned to the interior. "It's going to start in a few minutes." Then he nodded to him. "Your name? And your invitation please."

"Michael Valentine," he answered and reached into his jacket pocket. "Uh, and here's my invitation."

With a single swift move, he pulled a stake from his inside pocket and plunged it into the guard's heart, before the man could even react.

The vampire disintegrated into dust. Michael turned to assure himself that the vampire guarding the side door hadn't heard anything suspicious. There was no sound coming from the

Laut kam vom Seiteneingang. Schnell fegte er den Schlüsselbund, das Handy und das Kleingeld, das von dem Vampir übrig geblieben war, in die Büsche.

Ungehindert betrat er das Haus. Ohne zu zögern, ging er die Treppe hinauf, als er hörte, wie im Zelt die Musik zu spielen begann. Aber es würde keine Zeremonie geben. Keine Hochzeit. Keinen Blutbund.

Ich komme dich holen, Ursula.

~ ~ ~

„Ich glaube, das ist unser Stichwort", sagte ihr Vater, als die Musik vom Zelt zu ihnen nach oben drang.

Ursula wandte sich von dem hohen Spiegel im Gästezimmer ab und drehte sich zu ihrem Vater.

Er lächelte sie an. „Schau dich an, Wei Ling, wie schön du bist. Jetzt bist du eine Frau. Du machst uns so stolz, deine Mutter und mich."

„Obwohl ich keinen Chinesen heirate?"

„Das war mir noch nie wichtig." Er schmunzelte. „Obwohl ich das von deiner Mutter nicht sagen kann. Aber sie wird sich daran gewöhnen. Mach dir darüber keine Sorgen."

„Danke, Dad." Sie beugte sich zu ihm und küsste ihn auf die Wange.

Einen Augenblick lang zögerte sie. Es gab soviel, das sie ihm sagen wollte. Sie wollte ihm offenbaren, wer Oliver war und was er für sie getan hatte. Wie er sie vor einem Leben in Fesseln

tradesmen entrance. Quickly he swept the set of keys, cell phone, and loose change that remained from the vampire into the bushes.

Unimpeded, he entered the house. Without hesitation, he walked up the stairs, when he heard the music in the tent starting. But there would be no ceremony. No wedding. No blood-bond.

I'm coming for you, Ursula.

~ ~ ~

"I think that's our cue," her father said when music came drifting up from the tent.

Ursula turned away from the full-length mirror in the guestroom and faced him.

He smiled back at her. "You look beautiful, Wei Ling. You're a woman now. You make us very proud, me and your mother."

"Even though I'm not marrying a Chinese man?"

"That was never very important to me." He chuckled. "Now, your mother, that's another story. But she'll get used to it. Don't worry about it."

"Thank you, Dad." She leaned toward him and kissed him on the cheek.

For a moment, she hesitated. There was so much she wanted to tell him, to confess who Oliver was and what he'd done for her. How he'd rescued her

erlöst hatte. Ihre Eltern wussten nichts davon. Nach ihrer Flucht aus dem Blut-Bordell hatten Oliver und Scanguards keine Mühen gescheut, die Erinnerungen ihrer Eltern und aller Personen, die von ihrem 3-jährigen Verschwinden wussten, zu löschen. Aber es gab Momente wie diese, wo sie die Wahrheit bekennen wollte, obwohl sie wusste, dass es nur dazu führen würde, dass sie ihren Eltern wehtat.

„Ich liebe dich, Dad", flüsterte sie stattdessen. „Für alles, was du und Mom für mich getan habt."

Ein wenig verlegen lächelte ihr Vater. „Nun, es ist Zeit, deinen Ehemann zu treffen."

„Das glaube ich nicht!", kam eine bedrohlich klingende männliche Stimme von der Tür, als diese sich gleichzeitig hinter ihm schloss.

Ursula wirbelte ihren Kopf zu dem Eindringling herum und stolperte fast über ihr langes rotes Kleid. Ihr Atem stockte in ihrer Kehle, als sie den Mann erkannte: Obwohl sie sich nicht an seinen Namen erinnerte, wusste sie, dass er einer der ehemaligen Kunden des Blut-Bordells war. Blutegel, so hatten sie und die anderen Mädchen sie genannt.

„Was soll das?", fragte ihr Vater empört. „Verschwinden Sie!"

„Erst wenn ich habe, was ich will!", knurrte der Vampir mit rot funkelnden Augen und ausgefahrenen Fängen.

Ihr Vater keuchte, doch Ursula kannte diesen Blick nur allzu gut: Der Vampir war wegen ihres Blutes gekommen.

„Was sind Sie?!", würgte ihr

from a life in shackles. Her parents knew nothing of it. After her release from the blood brothel, Oliver and Scanguards had gone through great lengths to wipe her parents' memories and done the same with everybody who knew about her three-year disappearance. But there were moments like these when she wanted to tell the truth, though she knew it would only lead to pain.

"I love you, Dad," she whispered instead. "For everything you and Mom have done for me."

Somewhat embarrassed, her father smiled. "Time to go and meet your husband."

"I don't think so!" A menacing male voice came from the door as it shut behind him.

Ursula whirled her head around to the intruder and almost tripped over her long red dress. Her breath caught in her throat when she recognized the man. Though she didn't remember his name, she knew he was one of the former clients of the blood brothel. Leeches, she and the other girls had called them.

"What is this?" her father asked, outraged. "Get out!"

"Only once I have what I want!" the vampire snarled, his eyes now glaring red, and his fangs descending.

Her father gasped, but Ursula knew the vampire's look all too well. He'd come for her blood.

"What are you?!" her father

Vater heraus, während er sich vor Ursula stellte, als wollte er sie beschützen.

Aber Ursula wusste, dass ihr Vater kein ebenbürtiger Gegner für den Vampir war. Kein Mensch war das. Sie drückte sich an ihm vorbei und funkelte den Blutegel wütend an.

„Oliver wird dich umbringen, wenn du mir etwas antust!", warnte sie.

„Er wird uns nicht erwischen. Denn bis er deine Abwesenheit bemerkt, sind wir schon lange weg."

Bei seinen Worten schüttelte Ursula voller Entsetzen ihren Kopf. Oh nein! Er war nicht einfach gekommen, um sie hier anzugreifen und ihr Blut zu trinken. Er plante, sie zu entführen!

„Nein!", schrie sie, doch sie wusste, dass die Musik im Zelt verhindern würde, dass ihr Schrei Olivers Ohren erreichte. Er würde dort am Podium stehen und vergeblich auf sie warten. Er würde warten, während sie entführt wurde.

„Komm jetzt zu mir, und ich tue dir nicht weh", versprach der Vampir, dann fügte er hinzu: „Zumindest nicht arg."

„Lassen Sie meine Tochter in Ruhe, Sie Monster!", brüllte ihr Vater und sprang in die Richtung des Vampirs, bevor Ursula ihn stoppen konnte.

„Nein! Dad! Nein!"

Aber es war zu spät. Mit einem Hieb schleuderte der Vampir ihren Vater durch den ganzen Raum, bis dieser an die gegenüberliegende Wand knallte, wo er mit einem choked out as he moved in front of Ursula as if to protect her.

But Ursula knew her father was no match for the vampire. No human was. She squeezed past him, glaring at the leech.

"Oliver will kill you if you harm me!" she warned.

"He won't catch us. We'll be long gone by the time he realizes."

At his words, Ursula shook her head in disbelief. No! He hadn't simply come to attack her here and drink her blood, he was planning to kidnap her!

"No!" she screamed, but she knew that the music in the tent would prevent her scream from reaching Oliver's ears. He would stand there at the podium, waiting for her in vain. Waiting, while she was being kidnapped.

"Now come to me, and I won't hurt you," the vampire promised, then added, ". . . much."

"Leave my daughter alone, you monster!" her father yelled and jumped toward him before she could stop him.

"No! Dad! No!"

But it was too late. With one punch, the vampire knocked her father clear across the room and into the wall, where he collapsed with a groan.

"Oh no! Dad! No!" She ran her eyes over his body. She couldn't see any blood, but the impact could have left internal injuries. Inside her, anger and worry collided. "You'll pay for this!"

Ächzen zusammenbrach.

„Oh nein! Dad! Nein!" Sie ließ ihre Augen über seinen Körper schweifen. Sie konnte kein Blut sehen, aber er konnte durchaus innere Verletzungen erlitten haben. Wut und Angst kollidierten in ihrem Inneren. „Dafür bezahlst du!"

Der Vampir lachte leise und der Ton widerte sie an und sandte einen Schauer über ihren Rücken. Wie ein Raubtier näherte er sich ihr und stellte einen Fuß vor den anderen. Langsam, als ob er dies genoss und die Sache nicht zu früh beenden wollte. Wie eine Katze, die mit einer Maus spielte.

Panisch durchsuchten ihre Augen das Zimmer nach etwas, das sie als Waffe verwenden konnte. Aber sie fand nichts.

Sie war ihm ausgeliefert.

„Ich habe so lange darauf gewartet", bekannte ihr Angreifer. „All die Tage in meiner kalten Zelle habe ich davon geträumt, wieder eine Blut-Hure zu finden. Ich hatte fast schon aufgegeben."

„Bleib mir vom Leib!", warnte sie nochmals. „Oliver wird dich töten."

Ein Ächzen kam von dort, wo ihr Vater zusammengebrochen war. Er lebte. Sie warf einen flüchtigen Blick in seine Richtung und sah, wie er versuchte, sich aufzurichten, doch er schaffte es nicht.

„Kann sein", meinte der Vampir. „Aber erst, nachdem ich bekommen habe, was ich will." Er fletschte seine Reißzähne und machte einen weiteren Schritt in ihre Richtung.

Wie eine kalte Faust klammerte sich die Furcht um ihr Herz. Sie

The vampire chuckled, and the sound made her shiver in disgust. Like a tiger, he approached, setting one foot in front of the other. Slowly, as if he enjoyed this and didn't want it to end too soon. Like a cat playing with a mouse.

Frantically she looked around the room for anything she could use as a weapon, but came up empty.

She was at his mercy now.

"I've waited for this for so long," her attacker confessed. "All those days in my cold cell I was dreaming of this, of finding another blood whore. I'd almost given up."

"Get away from me!" she warned again. "Oliver will kill you."

A moan from where her father had collapsed told her he was alive. She cast a quick glance in his direction and realized he was trying to move, but struggled.

"Maybe," the vampire hedged. "But only after I've gotten what I wanted." He bared his fangs and took another step toward her.

Like a cold fist, fear clamped around her heart. She could see it in his eyes now: the madness. He wouldn't be able to stop drinking from her once he started. He would drain her.

Tonight, on her wedding night, she would die. And her father would have to watch helplessly.

konnte es jetzt in seinen Augen sehen: den Wahnsinn. Er würde nicht im Stande sein, aufzuhören von ihr zu trinken, sobald er einmal begonnen hatte. Er würde sie bis zum letzten Tropfen aussaugen.

Heute Nacht, in ihrer Hochzeitsnacht, würde sie sterben. Und ihr Vater würde hilflos zusehen müssen.

12

Oliver beobachtete, wie Blake die Eheringe auf das kleine rosa Kissen band und es Isabelle übergab. Das Kleinkind grinste zu ihnen hoch und sah in ihrem rosa Kleid entzückend aus. Zusammen mit Delilah standen sie bei den Doppeltüren des Wohnzimmers, die sich zu dem überdachten Gehweg öffneten, der in das Zelt führte. Die Musik des Streichquartetts, das im Zelt spielte, drang durch die Lautsprecher ins Wohnzimmer.

„Bist du dir sicher, dass sie das schafft?", fragte Oliver und grinste.

Delilah tauschte einen Blick mit ihrer Tochter aus. „Selbstverständlich schafft sie das. Nicht wahr, Isabelle?"

Das Kleinkind strahlte sie an.

„Jetzt geh ins Zelt hinein, genauso wie wir es geübt haben."

Isabelle drehte sich herum und schwankte immer noch etwas wackelig auf den Beinen, als sie den Weg entlangging. Delilah folgte dicht hinter ihr, darauf vorbereitet, sie aufzufangen, wenn sie stolpern sollte.

„Na gut, es ist fast Zeit", sagte Blake grinsend. „Du kannst deine Entscheidung immer noch ändern, weißt du. Ich nehme dir Ursula gerne ab."

Oliver boxte ihm in die Rippen. „Kommt ja gar nicht in Frage."

Sein Halbbruder lachte leise. „Hab mir gedacht, ich versuch's

Oliver watched as Blake tied the wedding rings onto the tiny pink pillow and handed it to Isabelle. The toddler grinned up at them, looking adorable in her pink dress. Together with Delilah, they all stood at the French doors of the living room that led to the tented walkway leading into the tent. The music from the tent where a string quartet played came through the loudspeakers into the living room.

"You sure she's gonna be able to do that?" Oliver asked and grinned.

Delilah exchanged a look with her daughter. "Of course she is. Aren't you, Isabelle?"

The toddler beamed.

"Now go into the tent just like we practiced."

Isabelle turned around and staggered along the path, still a little wobbly on her feet. Delilah followed her closely, ready to catch her if she fell.

"Well, it's almost time," Blake said, grinning. "You can still change your mind, you know. I'll take her off your hands in a heartbeat."

Oliver boxed him in the side. "Not a chance."

His half-brother chuckled. "Just thought I'd give it one last

nur noch einmal."

„Hey, danke, dass du mein Trauzeuge bist."

„Freut mich, dass du mich gefragt hast."

Plötzlich öffnete sich die Tür zum Flur. „Sind wir zu spät dran?", fragte eine vertraute Stimme.

Oliver drehte sich auf den Fersen um und sah Dr. Drake hereinhetzen, seine Barbie-Puppen-Empfangsdame am Arm.

„Tut uns leid, hoffentlich ist das der richtige Eingang. Es war niemand da, uns den Weg zu weisen. Glücklicherweise war die Tür offen." Er zuckte entschuldigend mit den Schultern.

„Der Bodyguard an der Tür hätte euch den Weg weisen sollen", sagte Oliver.

„Welcher Bodyguard?"

Olivers Herz hörte auf zu schlagen. Ohne auf Drakes letzte Frage zu antworten, eilte er ins Foyer. Er riss die offene Haustür weiter auf, aber der Vampir-Bodyguard, den Cain dort postiert hatte, war verschwunden. Er drehte sich zurück in Richtung Foyer, als er auf etwas trat. Er beugte sich hinunter und musterte seinen Fund. Eine Zehn-Cent-Münze steckte zwischen zwei Travertinfliesen.

Obwohl es nichts Ungewöhnliches war, eine Münze zu finden, stellten sich Olivers Nackenhaare auf und ein kalter Schauer lief sein Rückgrat hinab.

Etwas stimmte nicht. Cain hätte den Bodyguard nie von seinem Posten abgezogen.

Blake kam aus dem Wohnzimmer gelaufen. „Was ist

shot."

"Hey, thanks for being my best man."

"Glad you asked me."

Suddenly the door to the corridor opened. "Are we too late?" a familiar voice asked.

Oliver swiveled on his heels and saw Dr. Drake rushing in, his Barbie-doll receptionist on his arm.

"Sorry, I hope this is the right entrance, but there was nobody telling us which way to go. Luckily the door was open." He shrugged apologetically.

"The guard outside should have directed you," Oliver said.

"What guard?"

Oliver's heart stopped. Without answering, he charged past Drake and rushed into the foyer. He ripped the entrance door open, but the vampire guard Cain had stationed there was gone. He turned back toward the foyer when he stepped on something. He bent down and inspected the item. A dime was wedged between the grout of two travertine tiles.

Though finding a lost coin wasn't something unusual, the hairs on Oliver's nape rose and a cold shiver ran down his spine.

Something wasn't right. Cain would have never pulled the guard off his post.

Blake came running from the living room. "What's going on?"

Oliver was already charging toward the stairs leading to the

los?"

Oliver rannte bereits in Richtung Treppe, die in die oberen Stockwerke führte. „Benachrichtige Cain und lass ihn das Haus auf mögliche Eindringlinge durchforsten. So diskret wie möglich. Ich will die Gäste nicht alarmieren."

„Mach ich."

Aber Oliver hörte kaum mehr Blakes Antwort. Oliver war schon lange genug Bodyguard, um zu wissen, wann er auf sein Bauchgefühl hören musste. Und sein Bauchgefühl sagte ihm, dass er sich vergewissern musste, dass mit Ursula alles in Ordnung war. Dass es vermutlich Unglück brachte, wenn er die Braut vor der Zeremonie in ihrem Hochzeitskleid sah, war jetzt nicht von Bedeutung.

Als er das oberste Stockwerk erreichte, wurde seine Vermutung bestätigt: Ursula war in Gefahr. Ein gedämpfter Schrei trieb zu seinen empfindlichen Ohren. Ein Mensch hätte ihn nicht gehört, aber er hörte ihn.

Er riss die Tür zum Gästezimmer auf und stürmte in den Raum. Innerhalb eines Sekundenbruchteils, ohne seine Bewegungen zu verlangsamen, hatte er die Situation erfasst.

Ein Vampir drängte Ursula gegen die Wand. Seine Hände hinderten sie daran, sich zu wehren, obwohl sie mit ihren Beinen gegen seine Schienbeine trat, während der Kopf des Vampirs sich ihrem Hals näherte. Panik und Verzweiflung lagen in Ursulas Augen. Einige Meter entfernt versuchte Yao Bang, vom Boden hochzukommen, doch er

upper floors. "Alert Cain and have him sweep the premises for any intruders. Discreetly. I don't want anybody to alarm the guests."

"Got it."

But Oliver barely heard Blake's reply. He'd been a bodyguard long enough to know when to listen to his gut feeling. And his gut feeling told him to make sure Ursula was safe. That it was presumably bad luck to see the bride in her wedding dress before the wedding didn't matter.

When he entered the upper floor, his suspicion was confirmed. Ursula was in danger. A muffled cry drifted to his sensitive ears. A human wouldn't have heard it, but he had.

He flung the door to the guestroom open and barreled into the room, assessing the situation within a split second without slowing his movements.

A vampire pressed Ursula against the wall, his hands preventing her from fighting against him, though she kicked her legs against his shins, while the vampire's head neared her neck. Panic and desperation shone from Ursula's eyes. A few yards away, Yao Bang struggled to rise from the floor but appeared weak and dazed.

The vampire's head whirled around, noticing Oliver instantly. He snarled, his eyes glaring red, his fangs protruding from his

wirkte schwach und wie betäubt.

Der Kopf des Vampirs wirbelte herum und er bemerkte Oliver sofort. Er knurrte. Seine Augen funkelten rot und seine Fänge lugten zwischen seinen Lippen hervor. Oliver erkannte ihn jetzt: Er war einer der Süchtigen, die Scanguards behandelt hatte.

„Michael Valentine!", würgte Oliver hervor.

Valentine verengte seine Augen und bewegte sich so schnell, dass ein Mensch die Szene vor sich nur unscharf gesehen hätte. Blitzschnell zog Valentine Ursula wie ein Schutzschild vor seinen Körper, sein Arm um ihre Oberarme geschlungen, damit sie sich nicht bewegen konnte, während die Klauen seiner anderen Hand gegen das weiche Fleisch ihrer Kehle pressten.

„Eine Bewegung und ich schlitze sie auf!", warnte er.

Oliver hielt in seiner Bewegung inne. Er konnte Ursulas Leben nicht riskieren, und er wusste, dass Valentines scharfe Krallen sie mit einem einzigen Schnitt in ihren Hals sofort töten würden. Oliver würde nicht einmal genügend Zeit haben, sie in einen Vampir zu verwandeln, um ihr das Leben zu retten. Sie würde sterben.

Er musste sich Zeit erkaufen. „Du wirst sie nicht töten", vermutete Oliver. „Du möchtest ihr berauschendes Blut."

Ein Aufflackern in Valentines Augen bestätigte, dass Oliver richtig geraten hatte. Der Vampir war immer noch ein Süchtiger. Zane hatte recht gehabt: Der Entzug hatte nicht bei jedem funktioniert.

mouth. Oliver recognized him now. He was one of the addicts that Scanguards had treated.

"Michael Valentine!" Oliver ground out.

Valentine narrowed his eyes and moved so fast a human would only see a blur, bringing Ursula in front of his body like a shield, his arm wrapping around her upper arms so she couldn't move them, and the claws of his other hand pressing against the soft flesh of her throat.

"One move and I'll slice her open!" he warned.

Oliver arrested in his movement. He couldn't risk Ursula's life, and he knew that one slice of Valentine's sharp claws across her neck would kill her almost instantly. Oliver wouldn't even have enough time to turn her into a vampire to save her life. She would die.

He had to buy himself some time. "You won't kill her," Oliver hedged. "You want her special blood."

A flicker in Valentine's eyes confirmed that he'd guessed right. The vampire was still an addict. Zane had been right. Rehab hadn't worked on everybody.

"Get away from the door!" Valentine ordered.

"No!"

Oliver flicked his gaze to Ursula, who had been the one to voice the protest.

"Don't do it. Don't let him

„Geh von der Tür weg!", befahl Valentine.

„Nein!"

Oliver sah Ursula überrascht an. Sie war diejenige gewesen, die den Protest geäußert hatte.

„Tu es nicht! Erlaub ihm nicht, mich zu entführen! Ich würde lieber sterben, als wieder eingesperrt zu werden." Ihre Augen flehten ihn an.

Er wusste, was in ihr vorging. Wenn Valentine sie mitnahm, würde sie wieder die gleichen Qualen erleiden, die sie drei Jahre lang im Blut-Bordell erlitten hatte.

„Ich lasse es nicht zu, dass er dich mitnimmt", versprach er ihr.

„Ich sehe nicht, wie du das verhindern kannst", meinte Valentine und fing an, zur Seite zu gehen und Ursula mit sich zu ziehen.

„Das Haus ist voll mit Vampiren. Du schaffst es nie hinaus!"

Von dort, wo Ursulas Vater immer noch am Boden lag, kam ein Keuchen. Aber Oliver konnte sein Gesicht nicht abwenden, um Yao Bang anzusehen, doch er wusste, dass dessen Augen offen waren und er ihnen schreckerfüllt zusah.

Valentine gab ein spottendes Lachen von sich. „Alle sind im Zelt hinter dem Haus." Er deutete zum Fenster. „Wir verschwinden hier vorne."

Oliver bereitete sich vor, anzugreifen. Seine Augen suchten den Raum nach möglichen Waffen ab, da er in seinem eleganten Smoking keine bei sich trug. Es war kein Platz gewesen, einen Pflock darin zu verbergen.

Noch ein paar Schritte und

take me. I'd rather die than be imprisoned again." Her eyes pleaded with him.

He knew what was going through her mind. If Valentine took her, she would face the same ordeal as she had for three years while imprisoned in the blood brothel.

"I won't let him take you," he promised her.

"I don't see how you can prevent it," Valentine said and started walking sideways, pulling Ursula with him.

"The house is crawling with vampires. You'll never get out!"

From where Ursula's father lay on the floor, a gasp came. But Oliver couldn't turn his face to look at Yao Bang, though he knew his eyes were open and he was watching them in horror.

Valentine let out a mocking laugh. "They're all in the tent in the back of the house." He motioned to the window. "We're going out the front."

Oliver was poised, readying himself to attack. His eyes searched the room for any weapon because he carried none in his elegant tuxedo. There had been no place to conceal a stake.

A few more steps and Valentine would be at the window. Oliver's breathing accelerated. He had to do something now.

As Valentine dragged Ursula with him, her dress caught in the legs of a chair and she stumbled sideways. Valentine held on to

Valentine würde am Fenster sein. Olivers Atmung beschleunigte sich. Er musste jetzt etwas unternehmen.

Als Valentine Ursula weiter mit sich zog, verfing sich ihr Kleid in den Beinen eines Stuhls und sie stolperte zur Seite. Valentine hielt sie fest, doch die Klauen an ihrem Hals glitten kurz von ihr ab.

Oliver sah seine Chance und stürzte sich auf ihn. Seine Klauen verlängerten sich mitten im Flug und sein Arm holte aus, um nach vorne zu schwingen und gegen Valentines Schulter zu schlagen. Der Treffer erschütterte Valentine und er musste seinen Griff um Ursula lockern.

Ursula verlor durch die Wucht des Aufpralls ihr Gleichgewicht und stolperte. Ihre Beine, die sich bereits in ihrem langen Kleid und den Petticoats verheddert hatten, verloren ihren Stand und sie fiel nach vorne. Aus dem Augenwinkel sah Oliver, wie sie nach einem Stuhl griff, um ihren Sturz abzufangen, aber er konnte ihr nicht helfen, denn Valentines Klauen kamen auf ihn zu und wirbelten Olivers Kopf zur Seite.

Ohne auch nur einen Atemzug zu nehmen, zielte Oliver mit seiner Faust auf Valentine, schlug gegen seinen Hals und peitschte ihn zur Seite. Während Valentine gegen den Fensterrahmen fiel, schossen Olivers Augen im Raum umher. Aber er hatte keine Zeit, etwas zu finden, das er in einen Pflock verwandeln konnte.

Valentine drückte sich mit einer Geschwindigkeit und Beweglichkeit vom Fensterrahmen ab, dass Oliver vollkommen her, but the claws on her throat slipped momentarily.

Seeing his chance, Oliver pounced. His claws lengthened in mid-flight, and his arm pulled back for leverage then swung forward to punch Valentine's shoulder to knock him back and make him lose his grip on Ursula.

Ursula fell, her balance uprooted by the power of the impact. Her legs, already tangled in her long dress and the petticoats beneath, lost their footing, and she fell forward. From the corner of his eye, Oliver saw her reach for the chair to brace her fall, but he couldn't help her, because Valentine's claws were coming toward him in a one-two punch that knocked Oliver's head sideways.

Without as much as a breath in between, Oliver aimed a fist at Valentine and hit the side of his neck, whipping him sideways. As Valentine fell against the window frame, Oliver's eyes darted around. But there was no time to find anything to fashion a stake from.

Valentine pushed himself off the window frame with such speed and agility that Oliver was taken by surprise when his attacker body-slammed him, tackling him to the ground. Oliver landed hard with his back on the wooden floor, making the floorboards moan in protest.

überrumpelt wurde, als sein Angreifer mit seinem ganzen Körpergewicht gegen ihn prallte und ihn zu Boden warf. Oliver landete mit dem Rücken hart auf dem Holzboden. Der Fußboden protestierte ächzend.

Eine Klaue kam auf ihn zu, aber Oliver wehrte sie mit seinem Unterarm ab und drückte sie zurück, während er sich unter seinen Angreifer wand. Die Wut, die durch seine Adern floss, gab ihm zusätzliche Kraft, und er schaffte es, Valentine von sich wegzustoßen. Doch sein Gegner war beweglich und stand zur gleichen Zeit wieder auf den Füßen wie Oliver.

Dieses Mal ließ Oliver nicht zu, dass Valentines nächster Hieb sein Ziel traf. Stattdessen drehte sich Oliver auf den Fersen und wich ihm gekonnt aus.

Das Stöhnen und Ächzen der beiden Vampire erfüllte den Raum und vermischte sich mit den schweren Atemzügen von Yao Bang und Ursula, die es beide geschafft hatten, wieder auf ihren Beinen zu stehen.

Ursula war zu ihrem Vater gelaufen, und aus dem Augenwinkel konnte Oliver sehen, wie Ursula versuchte, ihren Vater zu beruhigen, während ihr Blick im Raum umherschoss und sie anscheinend nach etwas suchte. Aber er konnte sich nicht auf sie konzentrieren, da er weiter Valentines Tritte und Schläge abwehren musste und dies seine ganze Konzentration in Anspruch nahm. Und in seinem unbequemen Smoking fühlte er sich weniger beweglich als üblich, obwohl sein Gegner, der auch einen Smoking

A claw came toward him, but Oliver blocked it with his forearm, pushing back while he twisted underneath his attacker. The rage flowing through his veins gave him added strength, and he managed to toss Valentine off him. However, his opponent was agile and found his feet at the same time as Oliver rose to his own.

This time, Oliver didn't let Valentine's next punch find its intended target. Instead, Oliver twisted on his heels and evaded him gracefully.

Their combined grunts and groans filled the room and mingled with the heavy breathing of Yao Bang and Ursula, who'd both managed to get to their feet.

Ursula had run to her father, and from the corner of his eye, Oliver caught a glimpse of the two as Ursula tried to calm her father, while her eyes darted around the room, seemingly looking for something. But he couldn't concentrate on her, because fending off Valentine's kicks and punches took all his concentration. And in the uncomfortable tuxedo, he felt less mobile than usual, though his opponent had the same handicap, wearing a tuxedo as well.

With every blow, Oliver realized more and more that he and his opponent were of equal strength. They were equally tall and well built. What he needed

trug, mit dem gleichen Handicap zu kämpfen hatte.

Mit jedem Schlag wurde Oliver bewusster, dass er und sein Gegner gleichstark waren. Sie waren gleichermaßen groß und gut gebaut. Er brauchte einen Vorteil. Denn es konnte noch Minuten dauern, bis einer seiner Kollegen zu Hilfe kam.

Oliver knirschte mit den Zähnen und schlug stärker zu. Valentine schwankte auf seinen Füßen und gab damit Oliver die Hoffnung, dass er ermüdete, aber das war nicht der Fall, wie Oliver einen Augenblick später feststellen musste. So schnell wie ein Expresszug sprang der andere Vampir zur Seite, ergriff den Stuhl und schlug ihn gegen die Wand, wo dieser zerschellte.

„Scheiße!", fluchte Oliver, als er sah, wie Valentine seine Hand um eins der Holzbeine, das er abgebrochen hatte, klammerte.

Nun hatte sein Gegner einen Pflock.

Das üble Grinsen auf Valentines Gesicht bestätigte, dass der Schweinehund es kaum erwarten konnte, diesen zu benutzen.

„Ich schätze, das war's dann", meinte Valentine mit einem selbstgefälligen Grinsen, als er auf Oliver zusprang.

Die Wucht des Zusammenpralls katapultierte Oliver zurück und seine Knie schlugen an den Bettrahmen, was ihn stolpern und auf dem Bett landen ließ. Valentine sprang auf ihn und nagelte einen von Olivers Armen unter seinem Knie fest.

Mit seinem freien Arm kämpfte Oliver weiter gegen seinen

was an advantage. Because it could be minutes until one of his colleagues came up to this floor to find them.

Oliver gritted his teeth and punched harder. Valentine swayed on his feet, giving Oliver hope that he was tiring, but it wasn't the case, as he found out an instant later. As fast as a bullet train, the other vampire jumped to the side, gripped the chair, and slammed it against the wall, breaking it.

"Shit!" Oliver cursed, as he saw Valentine clamp his hand around one of the wooden legs that had broken off.

Now his opponent had a stake.

The evil grin on Valentine's face confirmed that the bastard couldn't wait to use it.

"Guess that's it," Valentine said with a self-congratulatory smirk, then jumped toward Oliver.

The power of the impact slammed Oliver backward and the back of his knees hit the bed frame, making him tumble onto the bed, landing in a supine position. Valentine jumped onto him, pinning him and trapping one of his arms under his knee.

With his free arm, Oliver fought his attacker as best he could, but Valentine had both arms available to fight. On his left Oliver perceived a movement, something red clouding his vision, but he didn't dare turn his eyes away from

Angreifer so gut er konnte, aber Valentine hatte beide Arme zur Verfügung, um auf Oliver einzuschlagen. Zu seiner Linken nahm Oliver eine Bewegung wahr, etwas Rotes in seiner Peripherie, aber er wagte es nicht, seine Augen von Valentine abzuwenden.

Triumphierend hob der andere Vampir den Pflock hoch, während Oliver versuchte, ihn mit seinem freien Arm zurückzudrängen. Vergebens: Die Hand, die den Pflock hielt, senkte sich.

„Verdammt!", presste er zwischen zusammengebissenen Zähnen hervor.

Oliver hörte etwas brechen. War ein Knochen in seinem Unterarm gebrochen? Er konnte es nicht mit Sicherheit sagen, doch er wusste, dass er Valentine nicht viel länger Stand halten konnte. Und sobald Valentine ihn getötet hatte, gab es niemanden mehr, der ihn davon abhalten konnte, Ursula etwas anzutun.

„Nein!", schrie er. „Neiiiiiiin!"

Mit allerletzter Kraft drängte er Valentine zurück und schaffte es, ihn von sich zu stoßen. Valentine schwankte rückwärts und machte ein paar Schritte, als er plötzlich innehielt. In seinen Augen machten sich Überraschung und Schock breit.

Ein Ächzen entkam seiner Kehle. Dann zerfiel er zu Staub. Hinter ihm stand Ursula, ihr Arm immer noch ausgestreckt und einen behelfsmäßigen Pflock in der Hand. Sie hatte ihn aus einem Bein des Stuhls gemacht. Sein Unterarm war nicht gebrochen. Ursula hatte ein Bein vom Stuhl abgebrochen und es als Pflock benutzt.

Valentine.

Triumphantly, the other vampire lifted the stake while Oliver tried to push him back with his free arm. To no avail: the hand holding the stake lowered.

"Fuck!" he pressed out from between clenched teeth.

Oliver heard a cracking sound. Had a bone in his forearm broken? He couldn't tell for sure, but he only knew that he couldn't hold Valentine off much longer. And once Valentine had killed him, there was nobody stopping him from getting Ursula.

"No!" he screamed. "Noooooo!"

With his last ounce of strength, he pushed Valentine back, managing to catapult him off him. Valentine staggered backward a few paces, when he suddenly stopped dead in his tracks, his eyes widening in surprise and shock.

A groan came from his throat. Then he disintegrated into dust. Behind him, Ursula stood, her arm stretched out, holding a makeshift stake. He recognized it as a piece of the chair. It hadn't been his forearm breaking. Ursula had broken a leg off the chair and used it as a stake.

She had saved him.

Oliver jumped from the bed and ran toward her, wordlessly pulling her into his arms. He pressed her trembling body to

Sie hatte ihn gerettet.

Oliver sprang vom Bett hoch und eilte in ihre Richtung. Wortlos zog er sie in seine Arme. Er drückte ihren zitternden Körper an sich. Augenblicke lang konnte er nicht sprechen.

„Er ist vorbei", murmelte sie.

„Es tut mir leid." Er küsste sie.

Vom Flur kamen einige Leute gelaufen. Cain stürmte als Erster in den Raum, gefolgt von Blake und Zane.

„Wo ist er?", rief Cain.

Oliver zeigte auf den Boden, wo sich der Staub gesammelt hatte. „Er ist tot."

Cain seufzte erleichtert. „Er hat Bob, der an der Eingangstür postiert war, getötet. Ich fand Bobs Schlüssel und Handy. Wer war er?"

„Michael Valentine."

„Fuck!", fluchte Zane. Er war derjenige gewesen, der Michael Valentine als Erster verhört hatte, nachdem Scanguards auf ihn aufmerksam geworden war. Und Zane war auch derjenige gewesen, der vermutet hatte, dass der Entzug nicht bei allen süchtigen Vampiren funktionieren würde.

„Du hattest recht. Die Reha funktionierte nicht bei allen", sagte Oliver zu Zane. Dann fiel sein Blick auf Yao Bang, der noch immer dort stand, wo Ursula ihn Augenblicke zuvor zurückgelassen hatte und der Oliver und die anderen nun misstrauisch betrachtete. Er sah angeschlagen aus.

„Wir brauchen etwas Zeit", meinte Oliver und sah Blake an.

„Was soll ich sagen?"

„Missgeschick mit der Kleidung.

him. For a few moments, he couldn't speak.

"It's over," she murmured.

"I'm so sorry." He kissed her.

From the hallway, several people came running. Cain burst into the room first, followed by Blake and Zane.

"Where is he?" Cain yelled.

Oliver pointed to the floor where dust had settled. "He's dead."

Cain sighed in relief. "He killed Bob, who was stationed at the front door. I found some of his belongings. Who was he?"

"Michael Valentine."

"Fuck!" Zane cursed. He'd been the one who'd first interrogated Michael Valentine when he'd come to Scanguards' attention. And Zane had also been the one who had guessed that rehab wouldn't work on all the addicted vampires.

"You were right. Rehab didn't work for all of them," Oliver said to Zane. Then his gaze fell on Yao Bang who still stood where Ursula had left him only moments earlier, looking at them cautiously. He appeared uninjured.

"Buy us some time downstairs," Oliver ordered, looking at Blake.

"And say what?"

"Wardrobe malfunction. Whatever," Oliver said. Then he looked at Zane and Cain. "Are we sure he was the only one?"

Both nodded. "Positive."

Egal", meinte Oliver. Dann blickte er zu Zane und Cain. „Können wir sicher sein, dass er der Einzige war?"

Beide nickten. „Absolut."

„Gut. Dann lasst uns bitte alleine." Er deutete zu Yao Bang, und seine Kollegen nickten wissend. Sie wussten, was er jetzt tun musste.

Als die Tür sich hinter den beiden Vampiren schloss, sah Oliver zu Ursula. Sie lief zu ihrem Vater und schlang ihre Arme um ihn. „Hast du Schmerzen?"

Er schüttelte den Kopf. „Nur ein paar Prellungen."

„Wir müssen sein Gedächtnis löschen", sagte Oliver zu ihr und vermied den Blick ihres Vaters.

Mit grimmigem Gesichtsausdruck nickte Ursula. „Es tut mir leid, Dad, aber es ist zu deinem Besten. Du hättest dies nie sehen dürfen."

Oliver nahm einen Schritt in Yao Bangs Richtung, doch dieser streckte seinen Arm aus, als versuchte er, ihn zu stoppen. „Tu es bitte nicht!"

„Es tut nicht weh. Ich verspreche es dir. Du wirst es nicht einmal mitbekommen."

Yao Bang schüttelte den Kopf. „Bitte! Was auch immer du tun willst, tu es nicht. Lass mir meine Erinnerungen." Er zeigte auf den Boden, wo die Überreste des Vampirs lagen. „Ich *möchte* nicht vergessen, welche Gefahren sich dort draußen befinden."

Ursula schüttelte ihren Kopf vehement. „Dad! Bitte! Du wirst dich nur sorgen, wenn du es weißt."

Yao Bangs Augen wurden weich, als er seine Tochter ansah.

"Good. Then give us some privacy." He motioned to Yao Bang and his colleagues nodded knowingly. They realized what he had to do now.

When the door closed behind the two vampires, Oliver looked at Ursula. She ran to her father and wrapped her arms around him. "Are you hurt?"

He shook his head. "Just a few bruises."

"We have to wipe his memory," Oliver said to her, avoiding her father's eyes.

Ursula nodded with a grim expression on her face. "I'm sorry, Dad, but it's for the better. You should have never seen this."

Oliver took a step toward him, but Yao Bang stretched out his hand as if to stop him. "Please don't!"

"It won't hurt. I promise you. You won't even know."

Yao Bang shook his head. "Please. Whatever you're gonna do, don't do it. Leave me my memories." He pointed to the floor where the vampire had died. "I don't *want* to forget what dangers are out there."

Ursula shook her head vehemently. "Dad! Please! You'll only worry if you know."

Yao Bang's eyes softened when he looked at his daughter. "Wei Ling, my little one, but I've worried until now. I've always worried about your safety. When you moved to New York to go to university, I

„Wei Ling, meine Kleine, ich habe mich doch bis jetzt schon gesorgt. Ich hatte immer Angst um dich. Als du nach New York zogst, um zur Universität zu gehen, sorgte ich mich um dich. Weil es soviel Schlechtes in der Welt gibt. Jetzt muss ich mir nicht länger Sorgen um dich machen. Siehst du das nicht?" Er zeigte auf Oliver. „Jetzt weiß ich, dass du immer beschützt sein wirst."

Oliver beobachtete, wie sich Ursulas Stirn vor Verwunderung runzelte. „Aber bist du denn nicht entsetzt, dass ich einen Vampir heirate?"

Ein sanftes Lächeln umspielte die Lippen ihres Vaters. „Er liebt dich. Als er den anderen Vampir angriff, um dich zu retten, zögerte er nicht den Bruchteil einer Sekunde." Yao Bang zuckte mit den Schultern. „Obwohl ein Vampir nicht meine erste Wahl für dich gewesen wäre, insbesondere, da ich nicht glaubte, dass sie existieren. Doch zumindest bedeutet das, dass er dich vor anderen Vampiren beschützen kann."

Ursula seufzte.

„Bitte, indem du mir meine Erinnerungen lässt, schenkst du mir Frieden", plädierte Yao Bang.

Oliver tauschte einen Blick mit Ursula aus, dann machte er einen Schritt in Richtung ihres Vater und streckte ihm die Hand hin. „Habe ich dein Wort, dass du nie unser Geheimnis preisgibst?"

Yao Bang nickte und schüttelte Olivers Hand. „Ich verspreche es dir, Sohn."

Es war das erste Mal, dass sein zukünftiger Schwiegervater ihn

worried about you. Because there is so much evil in the world. Now I won't have to worry any longer. Don't you see?" He pointed to Oliver. "Now I know you'll be protected."

Oliver watched as Ursula's forehead wrinkled in surprise. "But aren't you shocked that I'm going to marry a vampire?"

A kind smile curved her father's lips upward. "He loves you. When he attacked the other vampire to save you, he didn't hesitate even a split second." Then he shrugged. "Though I guess a vampire wouldn't have been my first choice, particularly since I didn't think they existed. But at least that means he can protect you from other vampires."

Ursula sighed.

"Please, by leaving me my memories, you're granting me peace of mind," Yao Bang pleaded.

Oliver exchanged a look with Ursula, then he took a step toward her father and stretched out his hand. "I have your word that you'll never divulge our secret?"

Yao Bang nodded and took Oliver's hand. "I promise you, son."

It was the first time his future father-in-law had ever called him son.

"What about my mother?" Ursula interrupted.

Sohn nannte.

„Und Mom?", unterbrach Ursula.

„Überlass deine Mutter mir", versprach Ursulas Vater. „Ich werde es ihr schonend beibringen, sollte es jemals notwendig sein." Dann bürstete er etwas Staub von seinem Smoking. „Und jetzt glaube ich, wird es Zeit, dass wir mit dieser Hochzeit weitermachen, oder deine Mutter rastet noch aus."

Oliver schmunzelte. „Ich richte mich wohl besser anständig zusammen."

Ursula kicherte. „Ich habe *Vampir* überall auf meinem Kleid." Sie zeigte auf den Staub auf ihrem Brautkleid.

Ihre Blicke trafen sich und erhitzten sich sofort. In wenigen Stunden würde sie *Vampir* überall auf ihrem Körper haben. Ihrem nackter Körper.

"Let me handle your mother," Ursula's father promised. "I'll find a way to tell her if it ever becomes necessary." Then he brushed some dirt particles off his tuxedo. "And now, I think it's time to get on with this wedding or your mother is going to have a fit."

Oliver chuckled. "I'd better get cleaned up a little."

Ursula giggled. "I've got *vampire* all over my dress." She pointed to the dust on her skirt.

Their gazes met and heated in an instant. In a few short hours she would have *vampire* all over her body. Her naked body.

13

Von seinem Platz auf dem kleinen Podium im Zelt blickte Oliver den Gang hinunter. Er konnte Ursula noch nicht sehen, aber er wusste, dass sie an den Doppeltüren zum Wohnzimmer stand und bereit war, durch den überdachten Gang ins Zelt zu schreiten. Er hatte dafür gesorgt, dass nichts mehr schiefgehen würde: Zane und Cain hatten sich freiwillig angeboten, im Wohnzimmer mit ihr und ihrem Vater zu bleiben, bis sie sicher im Zelt waren. Und sobald sie verheiratet waren, würde Oliver so schnell wie möglich den Blutbund mit ihr vollziehen. Erst dann würde sie wirklich sicher sein. Weil sie erst dann in der Lage wären, telepathisch miteinander zu kommunizieren. Und Oliver würde immer sofort spüren, wenn Ursula sich in Gefahr befand.

Er versuchte, sich zu entspannen, und beobachtete, wie Isabelle die Mitte des Ganges entlangschritt und das kleine Kissen mit den Ringen in ihren Händen vor sich hertrug. Delilah redete ihr von der Seite gut zu und sorgte dafür, dass sie nicht mittendrin stehen blieb, sondern bis ganz zum Podium ging.

In dem Moment, als Oliver Ursula am Arm ihres Vaters auf sich zuschreiten sah, hielt er seinen Atem an. Während des Kampfes und der wenigen Momente danach hatte er keine

From his vantage point on the small podium in the tent, Oliver looked down the aisle. He couldn't see Ursula, but he knew she was standing at the French doors to the living room, ready to walk along the covered walkway into the tent. He'd made sure that nothing else would happen now. Zane and Cain had volunteered to remain in the living room with her and her father until they were safely inside the tent. And once they were married, Oliver would blood-bond her as soon as possible. Only then would she truly be safe. Because only then would they be able to communicate telepathically with each other. And Oliver would always immediately sense when she was in danger.

He tried to relax and watched as Isabelle walked down the middle of the aisle, carrying the little pillow with the rings in her hands. Delilah coached her from the sidelines, making sure she didn't stop midway, but walked all the way to the front.

When he got his first glimpse of Ursula walking on her father's arm, coming closer with each step, he held his breath. During the fight and the few moments afterwards, he hadn't had a

Möglichkeit gehabt, sie zu bewundern und zu sehen, wie schön sie aussah. Er hätte nie gedacht, dass sie in einem roten Hochzeitskleid prachtvoller aussehen könnte als irgendeine andere Frau in einem weißen Kleid. Sie war so würdevoll wie eine Prinzessin, als sie auf ihn zuging, ihre Augen nur auf ihn gerichtet. Alle Furcht und Panik war wie aus ihrem Gesicht gewischt.

Sein Herz begann zu donnern und er befürchtete, dass jeder im Zelt hören könnte, wie wild es schlug. Denn es schlug für sie. Und wegen ihr.

Als Ursula und ihr Vater schließlich am Podium stoppten, tauschte er einen kurzen Blick mit Yao Bang aus. Ein zufriedenes Lächeln umspielte die Lippen des älteren Mannes. Obwohl Oliver seinen Schwiegervater nicht sehr gut kannte, wuchs seine Zuneigung für ihn von Minute zu Minute. Von Ursulas Vater akzeptiert zu werden, wärmte sein Herz. Olivers Blick schweifte über die Gäste. Quinn saß in der Nähe des Podiums. Sein Erschaffer blickte ihn so stolz an, wie nur ein Vater das konnte, und hinter ihm strahlte auch Samson glücklich. Er war der Erste gewesen, der Olivers Potenzial gesehen und ihm die Chance zu einem neuen Leben geboten hatte. Ohne Samson und Quinn würde er heute nicht hier sein.

Er riss seinen Blick von ihnen und lächelte Ursula an. Ihre Blicke verschmolzen miteinander.

Oliver hörte kaum die Worte des Priesters, während dieser ein einleitendes Gebet sprach und Yao

chance to admire her and take in how truly beautiful she looked. He'd never thought that she could look more glorious in a red wedding dress than any other woman in a white one. As graceful as a princess, she walked toward him, her eyes focused on him. All fear and panic was wiped from her face.

His heart started to thunder and he feared that everybody in the tent could hear how wildly it beat. Because it beat for her. And because of her.

When Ursula and her father finally stopped at the podium, he exchanged a brief look with Yao Bang. A contented smile played around the older man's lips. Even though Oliver didn't know his father-in-law very well, he grew fonder of him by the minute. To be accepted by Ursula's father so wholeheartedly warmed his heart. His gaze drifted over the guests. Quinn sat near the podium. His sire looked at him as proudly as any father would, and behind him, Samson beamed with a happy smile. He'd been the first to see potential in him and had offered him a chance for a new life. Without Samson and Quinn he wouldn't be here today.

He tore his look from them and smiled at Ursula. Their gazes fused.

Oliver barely heard the words of the minister as he spoke an introductory prayer and Yao

Bang ihm antwortete, als er fragte, wer diese Frau an den Bräutigam übergab, bevor Yao Bang neben seiner Frau Platz nahm.

Sekunden wurden zu Minuten, während sie das traditionelle Eheversprechen austauschten. Das Einzige, das sie geändert hatten, war der Schluss: Sie hatten ‚bis dass der Tod uns scheidet' mit passenderen Worten ersetzt.

„... in alle Ewigkeit", sagte Oliver jetzt und spürte Tränen in seine Augen steigen, als er die Feuchtigkeit in Ursulas Augen entdeckte.

„Die Ringe", forderte der Priester und blickte zu Blake.

Sein Trauzeuge beugte sich zu Isabelle, nickte ihr zu und gab ihr somit ein Zeichen, dass sie dran war. Das Kleinkind ging schwankend in die Richtung des Priesters und hielt das Kissen mit den Ringen vor sich ausgestreckt. Sie blickte flüchtig zur Seite, um die Zustimmung ihrer Mutter zu suchen, als sie stolperte und nach vorne fiel. Aber die Reflexe des Hybridenmädchens waren so scharf wie die eines Vampirs, und sie stützte ihren Sturz mit ihren Händen ab, bevor ihre Knie auf die Bretter des Fußbodens schlagen konnten. Doch das Kissen fiel ihr dabei aus den Händen.

Ein kollektives Keuchen ging durch die Gäste, aber Isabelle hob ihren Kopf mit einem breiten Lächeln und blickte fast entschuldigend drein. Zwei kleine Fänge blitzten aus ihrem offenen Mund hervor.

Oliver hatte noch nie etwas Entzückenderes gesehen. Er und Ursula hatten nie über Kinder

Bang answered him when asked who was giving this woman to this man. Then he took his seat next to his wife.

Seconds turned into minutes as they exchanged traditional vows. The only thing they had changed was the ending. They'd replaced "till death do us part" with more suitable words.

"... for eternity," Oliver now said and felt tears rise into his eyes when he saw the wet sheen covering Ursula's irises.

"The rings," the minister prompted and looked at Blake.

His best man crouched down to Isabelle and nodded at her, giving her a sign that it was her turn, and the toddler staggered toward the minister, holding the pillow with the rings in front of her. She glanced sideways as if to seek approval from her mother, when she tripped and fell forward. But the little hybrid's reflexes were as sharp as those of a vampire, and she braced her fall with her hands before her knees could hit the floorboards, though she dropped the pillow in the process.

A collective gasp raced through the guests, but Isabelle lifted her head with a wide smile, looking almost apologetic. Two tiny fangs flashed from her open mouth.

Oliver had never seen anything more adorable. He and Ursula had never spoken about children, but he knew that eventually they

gesprochen, aber er wusste, dass sie irgendwann eines haben würden. Sobald sie beide dazu bereit waren.

Es sah so aus, als ob der Priester Isabelles Reißzähne gesehen hatte, denn seine Stirn runzelte sich und er beugte sich zu dem Kleinkind hinunter.

„Isabelle!", raunte Blake ihr zu, und sie schien ihn zu verstehen und schloss schnell ihren Mund. Sie griff nach dem Kissen, das ihr aus den Händen gefallen war, und mit Blakes Hilfe stand sie innerhalb von ein paar Sekunden wieder auf den Beinen. „Das ist mein Mädchen", pries Blake und zwinkerte Oliver zu.

Oliver unterdrückte ein leises Lachen.

Der Priester nahm die Ringe und segnete sie, bevor er einen Ursula und einen Oliver reichte.

Als Ursula die Worte des Geistlichen wiederholte, dehnte sich Olivers Herz aus und füllte sich mit Liebe und Stolz, Freude und Glück.

„Mit diesem Ring heirate ich dich." Ursula schob den Ring auf seinen Finger.

Oliver wartete nicht darauf, dass der Priester ihn aufforderte, dasselbe zu tun, denn er war zu ungeduldig, dass Ursula endlich seine Frau wurde. „Mit diesem Ring heirate ich dich."

Auch wartete er nicht auf den Geistlichen, dass dieser ihm sagte, er könne die Braut jetzt küssen. Er zog Ursula einfach in seine Arme und küsste sie.

„Somit erkläre ich Sie jetzt zu Mann und Frau", hörte er den Priester irgendwo im Hintergrund sagen.

would have some. Once they were both ready.

It appeared the minister had seen Isabelle's fangs, because his forehead pulled together and he leaned toward the toddler.

"Isabelle!" Blake chastised under his breath, and she seemed to understand him and quickly pressed her lips together again. She reached for the pillow that had fallen from her hands, and with Blake's help, she was back on her feet within seconds. "That a girl," Blake praised, winking at Oliver.

Oliver suppressed a chuckle.

The minister took the rings and blessed them before handing one to Ursula and one to him.

When Ursula repeated the minister's words, Oliver's heart expanded, filling with love and pride, with joy and happiness.

"With this ring, I thee wed." Ursula slid the ring onto his finger.

Oliver didn't wait for the minister to prompt him, impatient for Ursula to be his wife. "With this ring, I thee wed."

Nor did he wait for the minister to tell him that he could kiss the bride. He simply pulled Ursula into his arms and kissed her.

"I now pronounce you man and wife." He heard the minister's words somewhere in the distance.

"I love you," he whispered against his bride's lips only for

„Ich liebe dich", flüsterte er gegen die Lippen seiner Braut, so leise, dass nur sie ihn hörte, obwohl er wusste, dass die Vampire im Zelt seine Worte aufschnappen konnten. Und vielleicht sogar die Sterblichen, denn es war ein Gefühl, das er vor niemandem verbergen konnte. Und es auch nicht wollte.

her to hear, though he knew that the vampires in the tent would be able to pick up his words. And maybe even the humans, for it was a feeling he couldn't hide from anybody. Nor did he intend to.

14

Sie hatten getanzt. Sie hatten die Torte angeschnitten. Sie hatten mit ihren Gästen angestoßen, den Reden gelauscht und Glückwünsche entgegengenommen, während sie sich im Geheimen wünschten, endlich zu entkommen und alleine zu sein.

Jemand hatte sich schließlich ihrer erbarmt und angekündigt, dass es Zeit war, dass sich Braut und Bräutigam zurückzogen, während der Rest der Gäste weiter feiern konnte. Dieser Jemand war Quinn.

Mit Ursula an der Hand ging Oliver nun zur Tür des Sportraums, der in einer Ecke der großen Garage eingerichtet war, und dachte immer noch über Quinns Worte nach. Das Hochzeitsgeschenk würde dort unten auf sie warten, hatte dieser gesagt. Roses Augen hatten dabei geleuchtet. Als ob sie ihm einen Streich spielen wollten.

Er wusste über Hochzeitsstreiche Bescheid: mit Toilettenpapier umwickelte Möbel, Autos, die mit Rasierschaum beschmiert waren, und Konfetti auf den Betten. Dinge, die die besten Freunde in einer Wohnung anstellten, während das Paar noch auf dem Hochzeitsempfang tanzte. Oliver war es egal, was für einen Streich sie ihm spielten, denn nichts konnte seine Erleichterung schmälern, jetzt, da er wusste, dass

They had danced. They had cut the cake. They had toasted to their guests, listened to speeches, and accepted well-wishes, while secretly wishing they could escape and be alone.

Somebody finally had mercy on them and announced that it was time the bride and groom withdrew, while the rest of the guests could continue to celebrate. That somebody was Quinn.

Holding Ursula's hand, Oliver now walked to the door of the gym which was located in the basement in one corner of the large garage, still thinking about Quinn's words that their wedding present would be down there and the subsequent sparkle in Rose's eyes. As if they had set up a prank.

He knew all about wedding pranks: toilet-paper-wrapped furniture, shaving-cream-decorated cars, confetti-littered beds, the things that your best friends did to the apartment while the couple was still dancing at the wedding reception. Oliver couldn't care less what prank they'd set up, because nothing could erase the relief he felt knowing Ursula was safe now. He'd almost lost her tonight, and he needed to

Ursula in Sicherheit war. Er hatte sie heute Abend fast verloren, und er musste diese Erinnerungen aus seinem Gedächtnis löschen, indem er neue mit ihr machte.

Oliver drehte am Türknauf und drückte die Tür nach innen. Dann erstarrte er, aber nicht vor Schreck, sondern vor Verwunderung.

Neben ihm sog Ursula einen Atemzug ein. „Oh mein Gott!"

Die Sportgeräte waren verschwunden.

„Es ist wunderschön", flüsterte sie.

Er konnte ihre Worte nur wiederholen. Dies war das beste Hochzeitsgeschenk, das Quinn und Rose ihnen machen konnten: einen Ort, an dem sie den Blutbund weit weg von irgendwelchen neugierigen Augen und Ohren eingehen konnten. Einen Ort, wo sie alleine sein konnten.

In der Mitte des kleinen Raumes stand ein großes Bett, das mit weichen Laken bedeckt war. Darüber hing ein Baldachin aus dem gleichen Material. Der Stoff reichte bis hinunter auf den weichen Teppich und verwandelte das Bett in einen Kokon. An den Wänden waren Leuchter mit Kerzen befestigt worden, und das gedämpfte Licht ließ den Raum glühen, als ob ein Feuer in einem Kamin brannte. Es sah traumhaft aus.

Oliver riss seinen Blick vom Bett und betrachtete seine Frau. Das Wort fühlte sich noch so neu an, aber es fühlte sich richtig an.

„Es gab Momente, in denen ich dachte, dass das nie geschehen würde", sagte er und strich mit seinen Knöcheln über Ursulas

wipe out those memories by making new ones with her.

Oliver turned the doorknob and pushed the door inward. Then he froze, not in shock, but in wonder.

Next to him, Ursula sucked in a breath. "Oh my God!"

The gym equipment was gone.

"It's beautiful," she whispered.

He could only echo her words. This was the best wedding gift Quinn and Rose could have ever given them: a place to consummate their blood-bond away from any curious eyes and ears. A place just for them.

In the center of the small room stood a large bed draped with soft sheets, a canopy of sheer material over it. The fabric that flowed all the way to the floor, covered with plush rugs, turned the bed into a cocoon. Along the walls, sconces with candles had been installed, and the subdued light made the room glow as if a fireplace were burning. It looked like a dream.

Oliver tore his gaze from the bed and looked at his wife. The word still felt so new, but it felt right.

"There were moments when I thought this would never happen," he said, his hand reaching up to stroke his knuckles over the elegant curve of Ursula's neck.

"I was scared," she confessed.

"I'll make sure you'll never be scared again." He leaned in to

elegant geschwungenen Hals.

„Ich hatte Angst", bekannte sie.

„Ich werde dafür sorgen, dass du dich in Zukunft nie mehr fürchten musst." Er beugte sich zu ihr, um mit seinen Lippen über ihre Wange zu streifen.

Ursulas Arme legten sich um seinen Hals und zogen ihn an ihren Körper. „Du hast mir gefehlt."

„Nicht so sehr, wie du mir gefehlt hast." Die letzten Tage waren die reinste Hölle gewesen. Endlich lagen sie hinter ihnen. „In der letzten Woche dachte ich, ich müsste in mein eigenes Haus einbrechen, um dich in meinen Armen spüren zu können."

Sie lachte sanft. „Einbrechen? Ich hätte dir vielleicht die Tür aufgemacht."

„Vielleicht?", knurrte er und senkte seine Lippen auf ihren Hals, um an ihrer Haut zu knabbern.

„Wenn du mich freundlich drum gebeten hättest."

Er liebte es, wenn Ursula ihn neckte, wenn sie ihn mit ihrer sündigen Stimme verführte, während sie ihren verlockenden Körper gegen seinen rieb. „Wie freundlich?" Er drängte seine Erektion gegen ihren weichen Körper und ließ sie spüren, was sie mit ihm machte.

„Oh", raunte sie. „So freundlich, wie du mich jetzt auch bittest." Sie schob ihre Hand auf seinen Hintern und kniff ihn durch seinen Smoking.

Oliver hob den Kopf hoch. „Ich bin froh, dass wir die gleiche Sprache sprechen."

„Ich auch. Aber planst du, die ganze Nacht zu sprechen, oder würdest du lieber was anderes

brush his lips over her cheek.

Ursula's arms slid around his neck, pulling him against her body. "I missed you."

"Not as much as I missed you." The last few days had been hell. Finally they were past them. "This week I thought I would have to break into my own house just so I could feel you in my arms."

She laughed softly. "Break in? Maybe I would have opened the door for you."

"Maybe?" he growled, dropping his lips to her neck and nibbling there.

"If you'd asked nicely."

He loved it how Ursula teased him, how she seduced him with her sinful voice while she rubbed her tantalizing body against his. "How nicely?" He pressed his hard-on against her soft stomach, letting her feel what she did to him.

"Oh," she murmured. "As nicely as you're asking now." Her hand slid to his backside, squeezing him through his tuxedo.

Oliver lifted his head. "I'm glad we're speaking the same language."

"I am too. But were you planning on talking all night, or would you rather we do something else?" She tilted her head toward the bed.

"Well, since you're asking so nicely . . ."

Oliver slid his mouth over hers and kissed her. He stroked his

machen?" Sie neigte ihren Kopf in Richtung Bett.

„Na, da du so freundlich fragst . . . "

Oliver legte seinen Mund auf ihren und küsste sie. Er strich seine Zunge über die Naht ihrer Lippen und spürte, wie sich diese unter seinem leichten Druck teilten. Ohne Eile drang er mit seiner Zunge in ihren Mund und erforschte sie. Egal wie oft er sie in den letzten Monaten geküsst hatte, nun war es anders. Heute Abend war sie seine Frau geworden, und in ein paar Augenblicken würde er sie zu seiner blutgebundenen Gefährtin machen. Dieser Kuss war der Kuss, mit dem der Rest ihres Lebens begann. Er hatte keine Absicht, dies zu übereilen.

Heute würden sie eine Erinnerung schaffen, an die sie immer zurückdenken würden, und die ihnen helfen würde, jedes Hindernis in der Zukunft zu überwinden, jeglichen Streit zu begleichen, und jegliche Widersprüche oder Missverständnisse, die zwischen ihnen auftauchten, aus dem Weg zu räumen. Es würde sie als Paar stärken. Ihr Bund wäre unzerstörbar. Und würde länger als ein Leben andauern. Ihre Liebe würde eine Ewigkeit andauern.

„Ich liebe dich", murmelte Oliver und unterbrach den Kuss kurz, bevor er ihren Mund wieder gefangen nahm und alle Leidenschaft und Liebe, die er für Ursula empfand, in den Kuss gab.

Sie zogen sich langsam aus. Kleidungsstück für Kleidungsstück fiel zu Boden,

tongue over the seam of her lips and felt them part under light pressure. Without haste, he drove his tongue into her mouth and explored her. No matter how often he'd kissed her in the last few months, it was different now. Tonight she had become his wife, and in a few moments she would become his blood-bonded mate. This kiss was the kiss that would start the rest of their lives. He had no intention of rushing this.

This would be the memory they'd always cherish, the one that would help them overcome any obstacle in the future, any quarrels they might find themselves in, any disagreements or misunderstandings that might arise between them. It would make them stronger as a couple. Their union would be unbreakable. And last longer than one lifetime. Their love would last an eternity.

"I love you," Oliver murmured, briefly breaking the kiss before capturing her mouth again and pouring every ounce of passion and love he felt for Ursula into the kiss.

They undressed each other slowly. Layer by layer of clothing fell to the floor, first his tuxedo jacket and shirt, then her wedding dress. Finally his pants, until they stood in front of each other only in their underwear.

Ursula's strapless bra and

zuerst seine Smokingjacke und sein Hemd, dann ihr Hochzeitskleid. Schließlich seine Hose, bis sie nur in ihrer Unterwäsche voreinander standen.

Ursulas trägerloser BH und Slip waren so rot wie ihr Kleid, aber Oliver bemerkte noch eine andere Farbe. Er schob seinen Finger unter das blaue Strumpfband, das sie um einen Oberschenkel trug.

„Etwas Blaues", flüsterte er und lächelte.

„Ich wollte etwas von der westlichen Tradition mit einbringen. Du warst in allem so entgegenkommend, mit den ganzen asiatischen Sachen, die meine Eltern wollten. Ich wollte dir dafür danken."

Oliver leckte seine Lippen. „Ich mag es, wie du denkst."

Sie zeigte auf ihren Knöchel und er blickte nach unten. „Etwas Geborgtes."

Oliver bewunderte das Diamantfußkettchen, das sie trug. „Wem gehört es?"

„Nina hat es mir geliehen."

„Schön. Vielleicht sollte ich dir eins kaufen."

Sie lächelte. „Vielleicht solltest du das."

„Wie ist es mit etwas Altem?", fragte er.

Ursula griff an ihren Hinterkopf und zog den funkelnden Kamm heraus, der ihr Haar hochhielt. Der rote Kamm war mit goldenen, chinesischen Symbolen verziert. „Er gehörte meiner Großmutter. Meine Mutter trug ihn bei ihrer Hochzeit."

„Er ist schön." Dann blickte er in ihre Augen. „Aber nichts könnte jemals so schön sein wie du." Er küsste sie und zog sie an sich. Er

panties were as red as her dress, but there was a different color he noticed. He slid his finger under the blue garter she wore around one of her thighs.

"Something blue," he whispered, smiling.

"I wanted to incorporate some Western traditions too. You were so accommodating in accepting everything Asian my parents threw at you. I wanted to thank you."

Oliver licked his lips. "I like the way you think."

She pointed to her ankle, making him look down. "Something borrowed."

Oliver spotted the diamond ankle bracelet she wore. "Whose?"

"Nina lent it to me."

"I like it. I think I should buy you one of your own."

She smiled. "I think you should."

"How about something old?" he asked.

Ursula reached to the back of her head and took out the sparkling comb that held up her hair. The red comb was decorated with gold Chinese symbols. "It was my grandmother's. My mother wore it for her wedding."

"It's beautiful." Then he looked into her eyes. "But nothing can ever be as beautiful as you." He kissed her, pulling her against the curve of his body, feeling her soft skin against his. Instantly, his entire body was in

genoss ihre weiche Haut, als sie gegen seine rieb. Sofort stand sein ganzer Körper in Flammen.

„Möchtest du nicht wissen, was neu ist?", fragte Ursula und wich etwas zurück.

„Später." Ungeduldig zerrte er an ihrem BH, öffnete ihn und ließ ihn zu Boden fallen.

Er legte seine Handflächen über ihren kleinen, aber festen Brüste und drückte sie. Ursula seufzte leise.

Sanft drängte er sie, einige Schritte zurückzugehen und geleitete sie zum Bett. Als ihre Beine an die Matratze stießen, legte er sie auf das Bett. Sie sah auf den weißen Laken wie ein Geschenk aus, das er nicht verdiente. Seine Augen schweiften über ihren Körper und verschlangen sie.

Er stützte sich mit seinen Knien und einer Hand auf dem Bett ab und hielt sich über ihr, während seine andere Hand ihre seidene Haut streichelte und sich wieder mit ihrem Körper vertraut machte. Eine Woche ohne sie zu berühren war zu lange gewesen.

Seine Finger wanderten durch das Tal zwischen ihren Brüsten und überkreuzten ihren flachen Bauch, bis sie die rote Seide ihres Slips erreichten. Er schob seine Hand hinein und kämmte durch die Löckchen, als er spürte, wie sie ihre Beine breit machte.

Der Duft ihrer Erregung drang zu ihm, und er sog ihn ein und erlaubte ihm, ihn wie eine Droge zu berauschen. Dann glitt sein Finger tiefer und berührte ihre feuchte Spalte.

Ein abgehakter Atemzug kam

flames.

"Don't you want to know what's new?" Ursula asked, pulling back slightly.

"Later." Impatiently he tore at her bra, unhooking it and sliding it off her.

He put his palms over her small but firm breasts, squeezing them. Ursula moaned softly.

Gently, he urged her to take a few steps back, directing her toward the bed. When the back of her legs hit the mattress, he lowered her onto it. She looked perfect on the white sheets, like a present he didn't deserve. His eyes ran over her body, drinking her in.

He braced himself on the bed with one knee and one hand, hovering over her, while his other hand caressed her silken skin, reacquainting himself with her body. A week of not touching her had been too long.

His fingers trailed down the valley between her breasts and crossed her flat stomach until they reached the red silk of her panties. He slid underneath it, combing through her thatch of hair, and felt her spread her legs wider.

The scent of her arousal wafted to him, and he soaked it in, allowing it to drug him. Then his finger slipped lower and touched her moist cleft.

A hitched breath came from Ursula, then another one as he traveled along her slit and bathed

von Ursula, dann noch einer, während er entlang ihrer Schamlippen rieb und seine Finger in ihrer Feuchtigkeit badete. Ihr Fleisch bebte. Er liebte es, wie sie auf ihn reagierte, wann immer er sie berührte. Und er liebte es, sie zu erregen und alles zu tun, bis sie ihm in seinen Armen erlag. Und genau das würde er jetzt tun. Mit seinen Händen und seinem Mund.

Oliver benutzte beide Hände, um ihren Slip herunterzuziehen und sie davon zu befreien. Doch als er ihren nackten Körper betrachtete, bemerkte er etwas, das anders war als zuvor. Er hob seinen Kopf hoch, und starrte sie an. Sie hielt seinem Blick stand.

„Etwas Neues", flüsterte sie.

Er ließ seinen Blick zurück auf die kleine Tätowierung fallen, die am linken Rand ihres Schamhaares saß: ein chinesisches Symbol, das mit den Initialen U und O verflochten war.

„Es bedeutet für immer", sagte sie.

„Ich liebe es."

Er legte seine Lippen auf die Tätowierung und küsste sie. Dann senkte er sich auf das Bett und nahm seinen Platz zwischen ihren gespreizten Beinen ein und brachte seinen Mund über ihre feuchte Spalte. Seine Zunge leckte entlang ihres warmen Fleisches und er nahm die Feuchtigkeit auf, die sich darauf gebildet hatte, und kostete ihre süße Essenz. Ihr sanftes Stöhnen und ihre leisen Seufzer wurden zur Hintergrundmusik seiner Liebkosungen. Ihre Hände durchfuhren sein Haar und ließen ihn vor Vergnügen erbeben. Als sie ihre Schenkel noch breiter machte und sie sich ihm anbot,

his fingers in her wetness. Her flesh quivered. He loved how receptive she was whenever he touched her. And he loved arousing her. And making her surrender in his arms. Just as he was going to do now. With his hands and his mouth.

Oliver used both his hands to pull her panties down and free her from them, but when he looked at her naked body, he noticed something different. He lifted his head to stare at her. She met his gaze.

"Something new," she whispered.

He dropped his gaze back to the small tattoo that sat just above the left edge of her pubic hair: a Chinese symbol and within it, the initials U and O were intertwined.

"It means forever," she said.

"I love it."

He lowered his lips onto the tattoo and kissed it. Then he shifted on the bed and took his place between her spread legs, bringing his mouth to her weeping pussy. His tongue swiped along her moist folds, gathering the wetness that coated them, tasting her sweet essence. Her soft moans and sighs provided the background music to his caresses, and her hands drove into his hair, making him shiver with pleasure. As she spread her thighs wider, offering herself to him, he slid his hands under her backside and tilted her sex, giving him better access.

schob er seine Hände unter ihren Hintern und kippte ihr Geschlecht an, um sich einen besseren Zugang zu verschaffen. Seine Zunge drang in ihre einladende Muschi und glitt dann höher, um über das kleine Organ am Fuße ihrer Schamhaare zu lecken.

Ursula wand sich unter ihm und er verstärkte seinen Griff und legte seine Hände auf ihre Schenkel, um sie nach unten zu drücken, während er sie mit mehr Intensität leckte. Er versuchte, seinen schmerzenden Schwanz zu ignorieren, der noch immer in seinen Boxershorts gefangen war. Er wusste, dass er sich dieses letzten Kleidungsstückes noch nicht entledigen konnte, denn sonst würde er wie das hungrige Tier über sie herfallen, das er war. Denn von Ursula zu kosten und sie zu lieben, erweckte alles Ursprüngliche in ihm. Alles Höfliche wurde in den Hintergrund gedrückt, alles Menschliche wurde verdrängt. Alles, was nun noch vorhanden war, war reiner Vampir: ausgehungert, unersättlich, intensiv.

Der Drang, sie zu seiner zu machen, wurde nun stärker. Der Vampir in seinem Inneren wusste, dass dies die Nacht ihres Blutbundes war, dass sie heute Nacht eins werden würden. Und der Vampir war ungeduldig.

Seine Hüften stießen gegen die Matratze, bewegten sich hin und her, um seinem Schwanz Erlösung zu verschaffen. Vergebens. Oliver wusste, dass es nur eine Art und Weise gab, auf die er Erlösung erlangen konnte: in Ursulas

His tongue drove into her inviting slit, then moved higher to brush over the tiny organ at the base of her curls.

Ursula writhed underneath him, and he tightened his hold on her, shifting his hands to the front of her thighs to hold her down as he licked and sucked her with more intensity. He tried to ignore his aching cock that was still confined within his boxer briefs. He knew he couldn't yet free himself of the last piece of clothing, or he would attack her like the hungry beast he was. Because tasting Ursula and making love to her brought out everything primal in him. Civility was pushed into the background, humanity obliterated. All that was left inside him was pure vampire: ravenous, insatiable, intense.

The urge to make her his was stronger now. The vampire inside him knew that this was the night of their blood-bond, that tonight they would become one. And the vampire was impatient.

His hips jerked against the mattress, moving back and forth to grant his cock some measure of relief. To no avail. Oliver knew that there was only one way he could get relief: inside of Ursula's body.

Growling, he licked her clit faster and harder. Ursula thrashed, her body so close to release he could almost taste it. Sweat dripped from his face and

Körpers.

Knurrend leckte er ihren Lustknopf schneller und härter. Ursula schlug um sich, ihr Körper so nahe an ihrem Höhepunkt, dass er es fast kosten konnte. Schweiß tropfte von seinem Gesicht und Hals, und zu seinem Entsetzen musste er feststellen, wie sich seine Hände zu Klauen verwandelten und seine Fingernägel zu scharfen Widerhaken wurden.

„Oh Gott!", rief Ursula aus.

Dann lief ein Schauer durch ihren Körper und rüttelte sie sichtbar, als ihr Orgasmus durch sie rauschte.

Der Vampir in seinem Inneren brach an die Oberfläche, entfesselt durch den Ruf seiner Gefährtin. Seine Klauen schnitten durch seine Boxershorts, um sich schließlich zu befreien. Kühle Luft wehte gegen seinen brennenden Schwanz, doch nur für einen Moment. Schneller als je zuvor drang er bis zum Anschlag in sie ein. Ein erdrosselter Atemzug entkam ihrer Kehle, während sich die Muskeln in ihrem Inneren um ihn klammerten und noch von ihrem Orgasmus bebten.

Unfähig, sich zurückzuhalten, zog sich Oliver fast komplett wieder heraus, um nochmals in sie einzutauchen. Und nochmals. Seine Vampirseite geriet außer Rand und Band und fickte sie hart und schnell.

„Es tut mir leid!", rief er aus. „Ich will dir nicht wehtun!"

Er hatte immer gedacht, dass der Blutbund eine zärtliche Angelegenheit sein würde, eine langsame Verbindung ihrer Körper, ein sanftes Lieben. Er

neck, and to his horror he could feel his hands turn into claws, his fingernails sharpen to spiky barbs.

"Oh God!" Ursula called out.

Then a shudder raced through her body, visibly shaking her as her orgasm claimed her.

The vampire inside him broke to the surface, unleashed by the call from his mate. His claws sliced through his boxer briefs, freeing him at last. Cool air blasted against his burning cock, but only for a second. Faster than ever before, he thrust into her, seating himself to the hilt. A choked breath escaped her throat as her interior muscles imprisoned him, still quivering from her orgasm.

Unable to hold himself back, Oliver pulled halfway out of her tight sheath then plunged back inside. And again. His vampire side went wild, fucking her hard and fast.

"I'm sorry!" he cried out. "I don't want to hurt you!"

He'd always thought the bonding would be a tender affair, a slow merging of bodies, a gentle lovemaking. He hadn't counted on his vampire side taking over so completely and giving him no choice in the matter.

He watched as his claw sliced into his own shoulder to create a small bleeding wound, before he lowered it to her face.

"Drink from me!" he demanded, his voice gruff and

hatte nicht damit gerechnet, dass seine Vampirseite vollständig die Führung an sich reißen und ihm keine Wahl in der Angelegenheit lassen würde.

Er beobachtete, wie seine Klaue in seine eigene Schulter schnitt, um eine kleine Wunde zu schaffen, bevor er seine Schulter zu ihrem Gesicht senkte.

„Trink von mir!", verlangte er und vernahm seine schroffe und kaum erkennbare Stimme.

Ursula sollte ihn zurückweisen, Angst vor ihm haben, dass er ihr etwas antun würde. Dennoch tat sie nichts dergleichen. Stattdessen legte sie ihre Lippen über den Schnitt und leckte darüber. Sie saugte das Blut auf, das aus der Wunde sickerte.

Sein gesamter Körper schauderte.

„Oh Gott!", murmelte er.

Er hatte noch nie so etwas verspürt. Es war wie die sinnlichste Liebkosung. Die zärtlichste Umarmung. Die Bewegungen seines Körpers verlangsamten sich und wurden ruhiger und sanfter. Dann fokussierten seine Augen die klopfende Ader an Ursulas Hals. Er spürte, wie diese ihm zusprach, ihn lockte, sie zu nehmen.

In Zeitlupe senkte er seine Lippen zu ihr und spürte den Schauer, als er ihre Haut berührte. Ohne Eile öffnete er seinen Mund und ließ sie die Spitzen seiner Fänge spüren. Langsam durchbohrte er ihre Haut und versenkte sie in ihrem Fleisch.

Er saugte an ihrer Ader. Blut rann in seinen Mund und lief seine Kehle hinab. Er hatte schon oft barely recognizable.

Ursula should reject him, afraid of what he would do to her, yet she did nothing of the sort. Instead, she placed her lips over the incision and licked it, lapping up the blood that oozed from it.

His entire body shuddered.

"Oh God!" he murmured.

He'd never felt anything like it. It was like the most sensual caress. The most tender embrace. The movements of his body slowed, becoming more gentle and tender. Then his eyes zoomed in on the throbbing vein at her neck, how it beckoned to him, called to him to take her.

In slow motion, he lowered his lips to it, feeling her shiver when he connected with her skin. Without haste, he opened his mouth and grazed her with the tips of his fangs. Slowly, they pierced her skin, descending into her flesh.

He drew on her vein. Blood rushed into his mouth and cascaded down his throat. He'd drunk from her many times before, but his time was different. This time she drank from him too. It created a circle, an unbreakable bond between them.

Ursula's hand slid to his nape and pressed him to her.

Take me, all of me, he heard her thoughts drift to him and knew their bond had been established.

von ihr getrunken, aber dieses Mal war es anders. Dieses Mal trank sie auch von ihm. Es erschuf einen Kreis, eine untrennbare Bindung zwischen ihnen.

Ursulas Hand legte sich auf seinen Nacken und zog ihn näher.

Nimm mich, nimm mich ganz, hörte er ihre Gedanken zu ihm treiben und wusste, dass ihr Bund hergestellt worden war.

Das Wissen, dass sie nun eins waren, katapultierte ihn über den Abgrund. Sein Höhepunkt raste wie ein Tsunami durch seinen Körper, unaufhaltsam und unkontrollierbar.

Ursulas Muskeln zuckten um ihn und er konnte ihren Orgasmus jetzt spüren, wie er wellenartig durch sie reiste, genauso wie sie seinen Höhepunkt mit ihm miterleben konnte, als ob sie seinen Körper bewohnte.

So schön, dachte er.

Wird es immer so sein?, fragte sie und fuhr fort, sein Blut zu trinken, während auch er weiter an ihrer Ader sog.

Ja, immer.

Denn er würde dafür sorgen, dass sie immer so glücklich wären wie jetzt. Was auch immer er dafür tun musste. Denn sie war sein Leben, so wie er ihres war.

The knowledge that they were one now catapulted him over the edge. His climax blasted through his body like a tsunami, unstoppable and uncontrollable.

Ursula's muscles spasmed and he could now feel her orgasm as it traveled through her in waves, just like she would be able to sense his climax and experience it as if she were inhabiting his body.

So beautiful, he thought.

Will it always be this way? she asked, continuing to drink his blood, just as he still sucked at her vein.

Yes, always.

Because he would make sure that they would always be as happy as they were now. Whatever it took. Because she was his life, just as he was hers.

~ ~ ~

Über die Autorin

Tina Folsom ist gebürtige Deutsche und lebt schon seit über 25 Jahren im englischsprachigen Ausland, seit 2000 in Kalifornien, wo sie mit einem Amerikaner verheiratet ist.

Tina ist schon immer ein bisschen herumzigeunert und hat in vielen verschiedenen Orten gelebt: nach Lausanne in der Schweiz, arbeitete sie kurzzeitig auf einem Kreuzfahrtschiff im Mittelmeer, verbrachte dann ein Jahr in München, bevor sie nach London zog. Dort ließ sie sich als Buchhalterin ausbilden. Aber die Wanderlust ergriff sie nach 8 Jahren in England, und sie zog über den großen Teich.

In New York war sie ein Jahr auf der berühmten Schauspielschule, der American Academy of Dramatic Arts. Danach blieb sie ein Jahr in Los Angeles, wo sie an der UCLA Drehbuchschreiben studierte. Dort lernte sie auch ihren Mann kennen, der in San Francisco lebte. So zog sie kurzerhand drei Monate später nach San Francisco.

Erst war sie dort als Buchhalterin und Steuerberaterin tätig. Sie machte sogar ihre eigene Kanzlei auf. Doch damit war sie noch nicht ganz zufrieden. Eine Zeit lang hatte sie ihr eigenes Immobiliengeschäft, aber das Schreiben vermisste sie sehr. Also fing sie im Herbst 2008 wieder damit an und schrieb ihren ersten Liebesroman.

Vampire haben es ihr schon immer angetan. Mittlerweile hat sie über 39 Bücher in Englisch sowie über vier Dutzend in anderen Sprachen (Französisch, Spanisch und Deutsch) herausgegeben.

Tina hört gerne von ihren Lesern. Schreiben Sie ihr doch einfach eine email: tina@tinawritesromance.com

http://facebook.com/TinaFolsomFans
Twitter: @Tina_Folsom
www.tinawritesromance.com

ZWEISPRACHIGE TASCHENBÜCHER

Eine reizende Diebin
Begleiterin für eine Nacht
Begleiterin für tausend Nächte
Begleiterin für alle Zeit
Eine unvergessliche Nacht
Eine langsame Verführung
Eine hemmungslose Berührung
Der Clan der Vampire (Venedig 1)
Der Clan der Vampire (Venedig 2)
Der Clan der Vampire (Venedig 3)
Der Clan der Vampire (Venedig 4)
Brennender Wunsch
Ewiger Biss

www.ingramcontent.com/pod-product-compliance
Lightning Source LLC
LaVergne TN
LVHW040102080526
838202LV00045B/3743